麦肯锡决断力

停止无效努力的“三速”法则

[日] 石井辉美——著　包立志——译

私がマッキンゼーを辞めた理由

自分の人生を切り拓く決断力

北京时代华文书局

图书在版编目（CIP）数据

麦肯锡决断力 ： 停止无效努力的“三速”法则 / （日）石井辉美著 ； 包立志译 .
-- 北京 ： 北京时代华文书局， 2019.2
ISBN 978-7-5699-2896-9

Ⅰ . ①麦… Ⅱ . ①石… ②包… Ⅲ . ①成功心理－通俗读物 Ⅳ . ① B848.4-49

中国版本图书馆 CIP 数据核字（2018）第 298421 号

麦肯锡决断力：停止无效努力的“三速”法则

MAIKENXI JUEDUANLI:TINGZHI WUXIAO NULI DE SANSU FAZE

著　　者 | [日] 石井辉美
译　　者 | 包立志

出 版 人 | 王训海
策划编辑 | 胡俊生
责任编辑 | 周　磊　刘　磊
装帧设计 | 程　慧　赵芝英
责任印制 | 刘　银

出版发行 | 北京时代华文书局 http://www.bjsdsj.com.cn
北京市东城区安定门外大街 138 号皇城国际大厦 A 座 8 楼
邮编：100011　电话：010－64267955　64267677
印　　刷 | 三河市兴博印务有限公司　0316－5166530
（如发现印装质量问题，请与印刷厂联系调换）
开　　本 | 880mm×1230mm　1/32　印　　张 | 6.25　字　　数 | 110 千字
版　　次 | 2019 年 5 月第 1 版　印　　次 | 2019 年 5 月第 1 次印刷
书　　号 | ISBN 978-7-5699-2896-9
定　　价 | 42.00 元

自从我从麦肯锡辞职成为一名笑星以来，
周围许多人纷纷表示难以理解，认为“太可惜了”！
但是，对于我自己而言，真正令人惋惜的
并不是放弃金钱和地位，
而是错失挑战自己梦想的机会，
在蹉跎中碌碌无为地虚度一生。

目录
CONTENT

序　言／001

第一章　我与麦肯锡的不解之缘

邮件中还有附件／002
选择工作的三个标准／007
出人意料的来自麦肯锡公司的内定录用／010
全力拼搏的日日夜夜／015
速断、速决、速动的习惯／020
最大限度借助他人的力量／023
创造价值者胜／026
保持强势的姿态／028
要么晋升（UP），要么淘汰（OUT）
——只有不断进步才能生存／030
不存在“舒适区”的世界／034
无论何时都要保持“PMA”！／036

缺乏自信是“最差”的 / 040
你在麦肯锡公司也搞笑吗？ / 043
逐渐变得不明朗的发展前景 / 046

专题一 如果什么都不做肯定是零，如果行动起来就会有加分，最差的结果也就是零。 / 050

第二章　我的决定

“结束”的开始 / 055
废寝忘食的每一天 / 059
“完美职业规划”的魔咒束缚 / 063
要是被汽车撞死了就好了…… / 068
如果人生能重来的话 / 071
家人、朋友……人生中绝对不希望失去的东西 / 075
“令人惋惜”的选择 / 079
人生中的纠结感 / 082
继续工作的三个条件 / 086
不能接受碌碌无为的麦肯锡公司 / 089
打破现实的速断、速决、速动能力 / 092
所谓的“做决定”是简单的，又是煎熬的 / 098
从麦肯锡公司员工到笑星 / 100
成功跨越考验——离职之日 / 103

将我推向挑战的因素 / 106
拂去“考试挫折”的阴影奔向东京大学 / 109
走与众不同的人生道路的勇气 / 112
如果行动就可能改变未来 / 115
运用自己的头脑和双手去开辟新世界 / 119

专题二 我具备了所需要的一切条件……我觉得生命就是上帝馈赠给我们的礼物，因此，不能虚度时光。 / 122

第三章 决定之后

成为喜剧演员之后 / 127
永葆初心，坚持勇气 / 131
必须付出120%的努力 / 136
充分认识自己只是平凡的一个人 / 139
从抛弃自我开始 / 141
麦肯锡公司在我人生中的意义 / 142
麦肯锡公司与我的现在 / 145
只要自己能接受就好 / 147
所谓决定就是要学会放弃 / 148
越是学历高的人就越愿意承担风险做出决定 / 150
如果不挑挑拣拣的话，工作的选择面反而会更宽 / 152
自己负100%的责任 / 154
坚持自己的价值标准，不与人争高低 / 156

应该多和志同道合的人交往 / 159
远离那些总是对你的决定说“不”的人 / 161
将事情看得过重的只有你自己 / 165
只有改变自己才能改变未来 / 169
如果发现自己错了，只要重新考虑假定条件就可以 / 172
决定本身没有对错之分 / 173
致无论如何都不能向前迈出一步的人 / 175

专题三 最重要的是，要有跟着自己感觉和直觉走的勇气。无论如何，感觉和直觉早就知道你到底想成为什么样的人，其他都是次要的。/ 179

结语： 为了开创属于自己的人生 / 181

序 言

今天我就将从麦肯锡公司离职了。

时光荏苒，在这短短的一年零几个月的时间内，我在很多方面得到了公司诸位同仁的热情帮助，对此，我表示由衷的感谢。

此外，能够被全球顶级的问题解决团队——麦肯锡公司选中并入职工作，对我个人而言是一次难得的历练机会。在这里我学习到了许多解决问题的技巧，我坚信这些经验并不局限于商业层面，对我今后人生的奋斗打拼而言，也将是一笔宝贵的财富。能够在这样一种氛围中工作，是令人兴奋的，也是令人自豪的。

今后，我将转行向娱乐圈发展。

在此，我祝愿各位同仁未来工作顺利，生活幸福。

今后，还请一如既往地多多关照。

最后，请允许我再次说声：谢谢大家！

此致

石井辉美

2009年8月，在辞职离任当天，我向公司的全体同仁发送了上面这封离职感谢邮件（原文发送）。我从全球最著名的外资管理咨询企业——麦肯锡公司的日本分公司辞职，结束了一年零四个月的员工生涯。

之后，我于2013年7月与渡边娱乐事务所签约，正式成为一名笑星。经历了三年的历练，最近我终于登上舞台崭露头角，也开始有心情来享受带给观众快乐的成就感了。

在我以笑星身份参加活动的过程中，也会有报刊、杂志和网站等的采访报道，还经常会被邀请面向大学生做讲座。在这些场合中，我经常会遇到下述提问：

· 你为什么要从麦肯锡公司辞职呢？

· 你如果觉得麦肯锡公司工作太辛苦，完全可以到普通的公司就职啊，为什么选择去当一名笑星呢？

· 你父母不反对吗？

· 在麦肯锡工作期间，有没有因为擅长搞笑而发挥作用呢？

· 麦肯锡公司和娱乐圈完全是两个不同的世界，两者之间有什么相似点吗？

· 在麦肯锡公司你也能逗大家笑吗？

实际上，在洽谈这次的出版计划时，我就曾经认真思考过。我既不是那种“从麦肯锡公司学到技术后创业”的充满干劲的精英型性格，也不是人气爆棚的笑星，对于我而言，出书本身似乎是不对路子的。但是，从麦肯锡公司跳到笑星这个完全不搭界的领域，可以说是职业生涯的一次颠覆性巨变，能够说清个中缘由的大概也只有我自己了。在对之前举办各种讲座和接受采访时遇到的问题进行反思后，我认为还是有必要讲清楚自己做出决定的原因和与之相关的各种情节，于是最终下定决心开始动笔，向读者朋友们讲述最真实的自我。

近几年，市场上出现了许多麦肯锡“毕业生”讲述商务基本知识的出版物。从我的角度来看，这些人都是我在麦肯锡公司时星光闪耀的行业骄子。对于一名生活在他们阴影之下、早早就从麦肯锡公司离职逃避的落寞者而言，现在空口来谈麦肯锡的问题解决方法，是自欺欺人的，我丝毫没有这种胆量。但是，实际上要是没有从麦肯锡学到的问题解决技巧，我是无论如何也做不出“从麦肯锡公司辞职成为一名笑星”这样一个需要人生最大勇气的决定的，连我自己当时都认为这是一出难以对别人启齿的荒诞闹剧。正如我的辞职感谢邮件中所说的那样：“在这里我学习到了许多解决问题的技巧”，“对我今后人生的奋斗打拼而言，也将是一笔宝贵的财富”。

最终促使我下定决心的正是在麦肯锡公司培养的“速断、速决、速动”这一习惯。我将这一思维方式从商业领域运用到了自己的人生之中。我经常问自己：“究竟怎么做才能保证人生不后悔呢？”既然萌生了“成为笑星”的强烈念头，就只能立即付诸行动来验证这一想法。

正如一句至理名言所阐述的那样，每个人的人生只有一次。有时，我会强烈地感受到自己最不能接受的就是事后后悔，觉得“要是把想做的事情做了就好了”，“要是再冒险一点就好了”。这促使我最终下定了决心。自那以后，我的周围时不时就会传来一些惋惜的声音，比如感叹“真是太可惜了”等。“可惜”这个词对每个人而言，定义各不相同。我认为真正的可惜是受缚于金钱和地位，错过了挑战自己梦想的机会，碌碌无为地蹉跎一生。虽然这话如果出自他人之口，我也会感到难以置信。

想要实现自己真正的梦想，就不要在意其他人的眼光，否则终将一事无成。如果每天光是想着“要是有另一种人生多好”，或者总是向朋友抱怨“要是有来生，希望变成……”，这些只能帮你暂时忘掉烦恼，于现实是没有任何意义的。

虽说如此，对我而言，做这个决定时是非常艰难的，也是极其孤独的，整个过程跌宕起伏，需要极大的勇气和精神动力。正因为做出了决定，才更希望这个决定能够得到肯定，因此，人人都想有一本帮自己促成决定和行动的“自我启发宝典”。但是，我一直没有遇到一本作者本人从当事人的角度出发讲述自己心路历程的书籍。于是，我决定反思自己遇到困难时的心境，秉承满足“有这样一本书该有多好”的诉求的理念，最终动笔开始了创作。

在外人看来，正在沿着“精英之路”阔步前进的我为什么会选择从麦肯锡公司辞职呢？又是怎么做出辞职的决定的呢？辞职这些年过得怎么样呢？都在想些什么呢？这些问题，都将在本书中给出答案。

这就是从麦肯锡公司辞职摇身一变成为一名艺人的我的真实故事。

如果我的故事能够为希望再向前踏出一步的人们提供做出“决定”的坚强后盾，那么，就证明我鼓足勇气成为一名笑星的决定是充满意义的。

石井辉美

2013年7月

第一章

我与麦肯锡的不解之缘

邮件中还有附件

实际上，在我的离职感谢邮件中，还有后续内容。在上文所述的正文内容下面，滚动鼠标后，会发现空白处附带着一个PDF文件，里面是渡边喜剧学院录取通知书的扫描件。在邮件标题的旁边会显示一个曲别针形状的附件标志，注意到这个标志的人会好奇“离职邮件中为什么要放个附件”，并打开查看，之后却往往故意摆出一副若无其事的样子装作没看见。

最开始我并没有打算这么做。一般的离职感谢邮件往往会加入对帮助、提携自己的人的感谢，离职时的万般思绪，今后的工作单位以及联络方式等内容。但是，我的邮件中隐藏了今后的计划，只是表达了感谢，并发送给麦肯锡日本分公司的全体员工，希望自己能够平静地从公司离职。

但是，那天有一位同批进入公司的同事刚刚完成一个项目，恰好手头没有其他事情，特地跑过来和准备离开公司的我打招呼。在我和他边聊天边对着电脑的时候，又凑过来三四个平时关系很好的

渡边喜剧学院

零起点培育计划——针对业余爱好者的喜剧考评

合格通知书

石井辉美

评审特别奖

· 免面试
· 免5万日元的学费

作为渡边喜剧学院优等生，免除入学学费5万日元

通过此次考评，我们对您进行了严格的审查。结果发现就目前而言，虽然您还有进一步提升实力的空间，但是，您对梦想的热切追求和鲜明个性、对不断提升能力的渴望和努力以及表演天赋，都给我们留下了深刻的印象。因此，我们认为您是值得期待未来的人才，特将您评为“评审特别奖”获得者。在此，对您表示衷心的祝贺。

新生在进入本院（渡边喜剧学院）学习前，需要接受面试，但是，获得“评审特别奖”的学员可以免面试，并且免除5万日元的学费。

因此，如果您想入学深造，请在下述截止日期之前，根据宣传手册中“招生事项”的要求，提交必要的文件。如果在截止日期到期后，仍未提交相关文件，则取消入学资格，敬请注意。如有不明事项，请与招生办公室联络。

入学申请书的受理时间：

2009年7月16日前

提交入学申请时所需的文件

□入学申请书
□证件照4张（入学申请书中粘贴1张）
□通信邮票（面值350日元的邮票5枚）
□本通知书

渡边喜剧学院
理事长 渡边美树

前辈和经理，一起读了读我离职信的大致内容。突然，一位已经知道我未来去向的前辈大声呵斥："今后要成为笑星的艺人，就写这样一封离职信吗？"

虽说如此，我还是觉得在邮件正文中写上"将要成为一名笑星"是无聊透顶的。于是，我只好求助麦肯锡的智囊们开动脑筋，帮我谋划一下解决问题的方法。结果一位女经理发现了我那天带到公司的录取通知书，并建议我将它放在邮件的附件中发给大家。

同期入职的朋友立刻去帮我把通知书扫描了一份，我就要了个花招，将它放在了附件中，读邮件正文的人滑动鼠标滚轮时就会发现这个机关。我在正文中只写了"将转行向娱乐圈发展"。现在想起来这并不算什么大事。但是，由于麦肯锡是一家决不允许向全体员工群发邮件谈私事的公司，因此，当时的我还是很担心，好像自己做了什么坏事似的。我怕事后公司会责怪我自己（虽然麦肯锡公司不是一家闲得要把辞职的员工叫回来训斥的公司），于是以抄送的方式向在场的所有人发送了邮件，将他们作为"连带责任人"拉下水。就这样，我以麦肯锡公司之前闻所未闻的邮件加附件的形式，向公司全体在职人员群发了离职感谢邮件。

无论何时，麦肯锡公司的员工们都以竭尽全力创造出各种冲击效果为目标。工作自不必说，就连作为年终聚会（Year End Party）的忘年会等公司内部活动，甚至我从公司离职这样的事情，也不例外。

事到如今，我只能顾好眼前了。公司大约一半以上的人都注意到我的离职邮件中有附件。在向公司交还电脑时，我怀着轻松愉快的心情在办公室里闲转，发生了出人意料的一幕：许多同事都过来跟我搭讪，有的鼓励我说“从你身上我看到了勇气”，有的提醒我说“沉下心来精力自然就会充沛了”。和我同期的同事还跑过来告诉我，由于我的到来，整个办公楼都沸腾了。甚至还有后勤人员来告诉我：“是因为辞职邮件贴在了茶水间（员工们取小吃的地方）的缘故。”

在支持我离职的人当中，有一位是我一直没把自己准备当笑星的想法告诉他的。最后，我们在电梯的门厅前相遇，他笑嘻嘻地说：“听说打算当笑星啊！”瞬间，我心里一直悬着的石头就落地了。直到那一刻，我才真正地释然了：“哎呀，没什么好隐瞒的，毕竟是一家宽容的公司啊！”

在麦肯锡公司作为员工工作时，一直被要求彻底地贯彻严格的“职业至上”精神。但是，对于离职的员工而言，麦肯锡公司却是非常人性化的。在众多前辈和同事的鼓励与支持之下，我终于迎来了最终离开公司的日子，这是多么幸运的一件事啊！

实际上，从麦肯锡公司离职的人们在各行各业都非常活跃。但是，成为笑星的却是前所未有的，这最终给公司带来了意想不到的冲击。甚至时至今日，还会被人们反复热议，成为了“传说中的离职感谢邮件”事件。

选择工作的三个标准

在上一章中，我从辞职当天的事情开始讲起。下面，我要再往前追溯一下，讲讲我当初在麦肯锡公司就职时的故事。我是2008年4月以应届毕业生的身份，进入管理咨询企业（下文简称为“咨询”）麦肯锡公司日本分公司工作的。实际上，我是在2007年1月左右开始求职的。由于2006年4月至12月，我曾经在菲律宾的亚洲开发银行当过实习生，因此，比起周围的人，求职的时间要稍晚一些。对于从东京大学本科直接考取东京大学研究生院的我而言，求职有三个标准：

1.选择有利于自己成长的公司；

2.选择可以从事国际性工作的公司；

3.选择可以充分发挥自身能力，创造出价值，并且可以为社会做出贡献的公司。

这些标准看似极其简单，但是，却是我本科和研究生阶段在多个国家当实习生的过程中，自然总结出来的求职关键点。此外，就我的个性而言，我属于无论干什么都能充满兴趣地去享受，而不是只能干特定的具体工作的类型，因此，只要是符合上述三个条件的公司，我认为都没有问题。在实际面试时，我也是这样阐述自己的求职意向的。

具体而言，我将求职范围锁定在了综合贸易公司、海运公司和咨询公司之中。特别是，针对作为最重要候选对象的贸易公司，我甚至下定了每个公司至少拜访5名以上人员的决心。顺便提一下，在求职期间，我没有读一本关于求职技巧的书籍，也没有对自己进行分析，更没有请任何人帮助修改求职申请书。由于学生时代学习认真踏实，积极参加社团活动，并且有丰富的海外实习经验，每天都过得非常充实，因此，在面试过程中，我非常自信，觉得无论被问到什么问题，都能用自己的语言结合自身的经历应对自如。

当然，这种学生时代的“自信”当中也存在许多问题，这在之后的生活中得到了印证，给了我沉痛的教训，但是，在当时还是非常重要的。

贸易公司等日资企业的招聘是从4月份开始的，在这之前，就有许多外资咨询公司开始优先招聘了。虽然也会参加招聘考试，但是，我认为其充其量也就是“对招聘有益的练习”而已。周围许多东京大学的毕业生也都持这种态度。但是，只有麦肯锡公司不同，它在当时的毕业生中间备受追捧，甚至被神化了。连我都对这家公司充满了憧憬，常常欢欣雀跃地期待着考试的到来，总是琢磨：“等待我的究竟是怎样的考试呢？难度究竟有多大呢？虽然很快就会见分晓了，但是，还是充满了期待……”时至今日，当时的心情仍记忆犹新。

出人意料的来自麦肯锡公司的内定录用

我第一次将咨询公司当成求职目标是在菲律宾的亚洲开发银行当实习生的时候。当时，我们开展了一项研究，主要探讨在社会制度层面，多大程度上能够解决菲律宾首都马尼拉面临的汽车导致的大气污染问题。在研究过程中，发现问题后，需要前往各地进行采访或者查阅资料，以证明解决问题的方法是否正确。当我一个人外出开展调查时，突然觉得："嗯，这就是所谓的咨询吗？如果是的话，我也可以胜任，这种工作尤其适合我这种行动力强的人。"并暗下决心将来有机会要尝试相关的工作。

我之所以觉得自己可以胜任，是因为虽然我在东京大学主修的专业属于文科，但是在大学三年级之后，转学到了工程系。因此，在某种程度上来看，我是一个"既非文科生又非理科生"的复合体。然而，作为咨询公司，非但不会去关心文科或理科出身的问题，而且会认为从文科转为理科后竟然还能读到研究生的经历反而是一个有力的证据，足以证明我"能够努力适应新环境，并且充分展现自己的价值”，完全可以成为我求职过程中的闪光点。这是由于咨询公司推崇不满足于现状并不停地向未知世界挑战的创新精神的缘故。

在麦肯锡公司最后的面试中，我将上述内容作为求职意向进行了阐述。面试是在轻松的氛围中开始的，主考官先从“你名字中的辉美只有‘美’字是汉字，‘辉’字是用假名[①]写的”这样一个无足轻重的话题开始，先后就个人特长和短板、研究生期间的研究内容、除了咨询以外还想从事什么工作及其理由等进行了提问。

可以说，这次面试非常像参加高校的自主招生，完全不用在乎是否会被录用，根本没有紧张，完全展现了最真实的自我。在最后的面试阶段，设置了案例面试环节，由作为面试官的资深顾问口头提问，并要求现场作答。因此，整个面试时长达到了1小时左右。期间，面试官对我提了两个问题，一个是关于费米估算法[②]的，即：

---

① 假名，日语的表音文字，相当于英文字母和汉语拼音。“假”即“借”，“名”即“字”。意即只借用汉字的音和形，而不用它的意义，所以叫“假名”。汉字为“真名”。假名主要分为“平假名”和“片假名”两种。平假名源于汉字草书，正式使用约从公元9世纪起；片假名源于汉字楷书，正式使用约从公元10世纪起。

② 费米估算法是在科学研究中用来做量纲分析、估算和清晰地验证一个假设的估算方法。命名来自美国科学家恩利克·费米。其特点是：通过联想、类比，充分利用其他领域的知识尤其是生活常识，将复杂、困难的问题分解成小的、可以解决的问题，从而迅速得到近乎确切的答案，而无需求助专家、书本等。

“估算某汽车制造商在日本国内的年度新车销售数量”，另一个是“如何提升美容院的销售额”。正好我曾经做过汽车方面的相关研究，因此反应比较迅速，并且美容院离我们的生活非常近，遇到这样的问题真的是非常幸运的。

由于我有曾经在国外做实习生的经历，对于“记住人的名字”的重要性有切身体会，因此，我甚至筹划着使出了自己的绝招——在面试开始的自我介绍环节就有意识地记住对方的名字，并在面试时装作非常自然地讲出来，向对方展现了自己的良好修养和周全考虑。

在面试结束时，我的头上和脸上都浸满了汗水，自己完全沉浸在一种此前从未体会过的轻松和畅快之中，竟然有了“反正不会再来麦肯锡第二次了”的想法，在回家的路上我甚至说出了“真是一次难忘的经历，非常感谢”之类的话。

但是，出人意料的是我竟然接到了“内定录用”的通知。我所在研究室的导师和大学的朋友们对此的反应是“既然被世界顶级公司内定录用了，就没有不去的理由”。就连和我关系非常好的法国朋友都劝我：“如果在麦肯锡工作后想跳槽，无论到哪儿都能轻松就职，既然拿到了内定录取的通知，就一定要去。”

坦率地说，我还是有点儿担心“自己是不是被高估了”。我知道自己并不是一个头脑灵活的人。甚至在面试的时候，还直接说了

“我的头脑并不聪明”之类的话。我想大概没有学生会在面试时这么坦白地承认自己的缺点。

但是，无论是谁，能够被麦肯锡公司选中并直接内定录用，肯定都是欣喜若狂的。我想这就是对我大学时代通过努力锤炼自己积累起来的自信的最好回报。

本来，对于任何人而言，进入麦肯锡公司就意味着开始了一场没有尽头的竞赛，也就是说，进了公司之后，就要拼尽全力不断地追求发展进步。在入职面试时，我也接受了麦肯锡公司理念的熏陶，“在麦肯锡公司会持续遇到挑战，每次都要想方设法将‘不可能’的任务变成‘可能’”。好不容易拿到的内定录用名额，还没努力挑战就白白放弃了，是不是为时尚早？当年我从文科转到理科时，就是凭着一股不服输的劲儿努力学习才实现了自己的目标。因此，我坚信，这次进入麦肯锡公司，只要足够努力也一定能够站稳脚跟。

虽然我能感受到自己离麦肯锡公司的能力要求有很大差距，并且，对原本是首选目标的贸易公司还有一定的不舍，但是，此时的我已经从心里接受了麦肯锡公司，并下定决心接受入职邀请，于是我早早就结束了求职。之后，虽然偶尔也会接到其他公司的面试邀请，但是，最终给出内定录用的就只有麦肯锡公司一家而已。

当时的我是典型的东京大学毕业生，自视颇高，极其认真，决不允许自己做出逾越规矩之外的破格事情，因此，能够得到最受学生欢迎的大公司的青睐。大多数的东京大学毕业生都是这样，一起开始求职，并接受大家普遍认同的一流企业的邀请。现在看来，有点“随波逐流，感情用事”的感觉。但是，当时的我对这个选择是没有任何怀疑的，坚持认为在社会普遍认同的框架内生存下去才是现实的人生。接下来，就是在统一的标准下展开竞争，遵循“朝着‘成为决策层’努力”的价值观指导，努力生存下去。既然被麦肯锡公司这样在行业内具有权威地位的超一流企业选中，就没有不去上班的理由。这并没有好坏之分，就是我当时价值观的真实体现。

鉴于上述种种，在我求职的时候，脑海中根本连想都没想过“成为笑星”的选项。

全力拼搏的日日夜夜

实际上，进入麦肯锡公司后，我的感觉就是麦肯锡公司“是一家以百米的速度在跑马拉松的公司”。对我而言，有一种“一直在重复硕士毕业论文截稿前一周战战兢兢的状态”的感觉。麦肯锡公司的客户都是大企业，这些大企业提问题求教都是付了高额的咨询费的，不得不给予妥善解决。因此，必然会带来极大的工作量，这就要求极高的质量和效率。

麦肯锡公司在学生中间被奉若神明，大家对它充满了好奇，都想知道在这样的公司工作，每天都会干些什么？究竟要施展怎样的魔法才能完成任务？

然而，实际上麦肯锡公司每天的工作并没有什么特别之处。当然，在那里你会见到许多之前从未遇到过的优秀人才，这一点毋庸置疑。对工作内容的理解越快，出成绩就越早。对这个诀窍体会越深的人，就越是马不停蹄地努力工作。他们这样做绝不是被强制安排的，而是出于对工作的真心喜欢，这驱使他们运用在麦肯锡公司学到的工作方法，不停地努力奋斗。我眼中的麦肯锡公司就是这样一个团体。

在入职第一天，公司为我们同期入职的新人举办了一个欢迎会。从第二天开始就进入了培训阶段，每天都要接近半夜12点才能下班。在没有入职之前，我曾天真地认为“培训期间应该能早点下班”，于是就提前买了来日巡演的英国乐队杜兰杜兰（DURAN DURAN）的门票，结果接近1万日元的门票最终只能打水漂了。

整个培训历时一个月，大概5月份左右，我就被分配到了航空公司的战略项目组，开始了24小时连轴转的加班生涯。作为新入职的员工，我当然要参加与客户的会面，还要负责具体的事务，准备汇报展示资料中所需要的图表信息。正如坊间传说的那样，从进入项目组的第一天开始就要有贡献产出。虽然我是中途才加入到已经启动了的项目中，但是，根本没有时间留给我熟悉项目内容，当然也没有前辈给予一对一的认真帮带指导。唯一能做的就是看着别人的样子，抓住一项工作边学边干，只有这样才能不被淘汰。

在麦肯锡公司的工作是非常辛苦的。头脑灵活的顾问们经常会展开激烈的争论，并以令人难以置信的速度推进工作进展。对此，我总会感到胆怯和力不从心，此外，我还经常被安排大量的工作（当然也和没有掌握高效的工作方法有关），一直要忙到天亮才能回家。但是，由于我参与的项目本身都是非常有创造性并且令人感到兴奋的，因此，会觉得“刚进公司不久就能参与这么大的项目，只有在麦肯锡才能有这样的机遇”。这样一想，就算再忙再累，我也能充满干劲地度过充实的每一天。

在拼命工作的过程中，我遇到了这样一件事。当时，一家廉价航空公司正在扩大业务范围，于是向我们公司提出了客户需求，希望我们帮助了解其他公司是如何控制成本的。对此，我决定认真试一下，便直接给某海外公司的宣传部门打了国际长途（这是需要勇气的），连续三次询问了关于削减成本的信息。之后，我将了解到的情况汇总到了报表中，并做了汇报。在看到报表后，客户代表非常满意，并给予了高度评价：“没想到竟然调查得这么细致。”在工作第一年遇到的首个项目中，就能独立完成作为汇报材料关键的“制胜报表”，这令我真真切切地感受到了作为一名新人顾问取得一定成绩后的满足感。当时的我怎么也不会想到，这是我在麦肯锡公司取得的第一个也是最后一个像样的成绩。

在麦肯锡公司，不管你是不是新员工，都会被要求快速“创造价值”。业界经常流传一种说法，那就是“麦肯锡公司的员工成长速度要比其他公司的快3倍”。在我看来这是很正常的。时至今日，我还记得与同一批进公司的同事之间的对话，麦肯锡公司的员工工作效率极高、节奏极快，同事每天加班的时间极长，如果将这种“工作密度”和“工作时间”累加起来，那么，“工作成绩确实要比其他公司的高3倍”，想要成长就必须付出相应的努力，无论是谁都不能例外。

在第一个项目中，我整天忙到马不停蹄，甚至连买一杯咖啡的时间的都没有。就连坐出租车往返的那么一点空闲时间，有时也会被电话会议占用。还记得领导和前辈曾经提醒我：“吃饭太慢了！作为顾问，吃饭不快的话是要误事的。”对我而言，叫上外卖，一边吃盒饭一边参加会议算是一种生活的常态了。

就这样，我每天都生活在时间的压力之下，作为新人的时候，偶尔还会去酒吧喝两杯，但是，在喝的时候心里却有一种负罪感，怀疑自己：“这么做真的合适吗？”可以说，当时的我每天生活中只有工作。这是因为我刚刚步入社会，每天忙到连怀疑的时间都没有，只是全力以赴地拼命工作。与我同一年毕业的同学们有些进入了贸易公司工作，在与他们聊天时，我发现贸易公司新人每天的工作就是到处去找适合聚会和接待的酒店。说到这儿，我似乎明白了为什么咨询公司这么适合人快速成长。当然，不可否认，应酬和接待的技巧在生意场上也是不可或缺的，对于现在的我而言，对这一点有着深刻的体会。

如果看一看公司的高层，就会发现这种终日不停的快节奏，不仅仅是对年轻员工的要求。作为经理和合伙人的管理者们，也都在各自的岗位上拼命工作，这就是麦肯锡的企业文化。麦肯锡公司倡导的两大使命之一就是“客户利益至上”。也就是说，最优先考虑的就是为客户创造价值，给客户带来效益。为了确保客户利益的最大化，就需要像中了邪一样废寝忘食地不停工作。行业内将这称为“义务”，我认为这实际上是一种可以为项目奋斗、献身的精神。能够如此近距离地切身感受这种工作方式，对我而言是一笔宝贵的财富。

上述内容仅仅是我个人的人生体验。在同一批进入公司的同事中，也有人号称“我怎么就从来没赶上过加班到深夜的项目呢？”。由此可见，虽然说起来都是麦肯锡公司的项目，但每个项目组都有自己的工作方式。

速断、速决、速动的习惯

实际上，进入麦肯锡公司后最令我佩服的一点就是：在这家公司中，无论做什么事，都是干脆利索的。说起来容易，但能真正做到像麦肯锡公司这样行动迅速却是非常困难的。个中奥秘概括起来，就是“快”和“早”这两个关键词。

比如：在开展某项调查的过程中，好不容易找到一个有用的公司主页时，只要想从这个公司获取信息，那么，就会立即拨打电话，不管它是不是外国公司，也不管它有没有可疑之处。公司内的所有人都没有“等等看”“明天再做吧”的想法，遇到任何事情都不会出现哪怕一瞬间的犹豫。有一次，我在用EXCEL计算时，经理突然说了一句“石井的工作速度也开始和普通人一样了”。我当然不是故意拖拖拉拉的，只是想像“普通人”一样按部就班地完成任务。实际上，我的内心经常会有个声音在嘶吼：“我只是想把工作做得更仔细些，就不能再给点时间吗！”但是，这在麦肯锡公司是行不通的，麦肯锡的标准就是要比“普通”速度快。

作为咨询公司，用英语来讲，面临的首要任务就是明确“issue（问题）”，即：“需要解决的问题”，并预先制订“hypothesis（假设）”，即：“解决问题的方案”。之后，再基于强烈的“假设思维（hypothesis thinking）[①]”推进工作进展，也就是说，根据各种信息验证假设的正确性，当假设被证明是错误的，就立即改正，寻找替代方案。

在这种情况下，用来验证假设的信息搜集和分析速度是越快越好的。在明确了假设是错误的瞬间，就不要纠结于之前付出的精力和心血了，而应干脆果断地放弃。因为在有限的时间内，必须尽可能地得出准确度相对较高的答案，这就要求我们尽快完成这个过程，因此所有的行动都必须加速进行。在这种环境中工作，我彻底改变了生来拖沓的本性，逐渐在心中深深地植入了“速断、速决、速动”的理念。

“在这里我学习到了许多解决问题的技巧，我坚信这些经验并不局限于商业层面，对我今后人生的奋斗打拼而言，也将是一笔宝贵的财富。”正如我在本书序言中提到的离职感谢邮件所表达的那样，从业界最强的麦肯锡公司学到的假设思维和行动规则，在我做

① 假设思维是指当我们没有足够的依据来证明某件事时，就先用一个暂时还不是特别成熟的假设推理着看，后续再想办法进行验证。

出向艺人转行的重大人生决定的过程中，发挥了至关重要的作用，可以说，“并不局限于商业层面”，还应用到了我的生活之中。

假设思维的优点在于如果明确了“假设是错误的”，立即替换就可以了。结合到我自身的实际，如果明确了“成为艺人是错误的”，那么就可以立即辞职，转而探寻适合自己的其他生活方式。这样一想，在进行挑战时，就会变得轻松起来，也没有理由再畏惧和躲避挑战了。

教会我“有了决心就要迅速付诸行动”的是麦肯锡公司。如果没有这种思维方式，就算我有成为一名艺人的打算，也不知道会拖延到什么时候才能下定决心并转化为实际行动，到时可能就已经错过了最佳时机。正因为如此，我才坚定地认为是麦肯锡公司教会了我“勇敢开辟自己人生的决断力”。

最大限度借助他人的力量

麦肯锡公司总是要求员工有产出，也就是要创造出成果。就连刚刚参与项目的新人也不例外，根本没有留给你查阅资料追赶项目进程的时间，必须迅速创造出某种价值，为团队做出贡献。

此外，在麦肯锡公司经常会被教育要“利用好杠杆”。所谓“杠杆”是指借助外力，取杠杆可以利用很小的力量撬动庞然大物的象征内涵，是金融界频繁使用的术语。在麦肯锡公司，流传着一种关于运用杠杆的解释，即：“充分利用人的力量。能够依靠别人解决的都交给别人办。不用自己做的都不要亲自去做。”

咨询公司一般都要求员工“在动脑筋上下功夫”。首先，要设想最终能取得什么样的成果，并明确“依靠谁做什么”才能在最短的时间内达成目标。然后，对取得的成果进行汇总，并以自己业绩的形式提出来。进入公司之后，我对项目组成员写材料的速度感到瞠目结舌。后来我才发现：麦肯锡公司的员工之所以能在短时间内完成令人难以置信的工作量，是因为他们最大限度地利用了杠杆的作用。

对于处事不懂变通的我而言，一直就不擅长借助外力。比如：大学时代我从没有旷过一次课。许多学生都会选择不上周一的第一节课，让同一级的同学帮忙答到。当时的我非常的认真，觉得这种行为是在耍滑头。但是，处事灵活的同学会用上课的时间来学习其他课程或者补充睡眠。之后，在考试前借其他同学的笔记来突击复习，并且往往会取得优异成绩。在同样取得优秀成绩（产出）的情况下，后者的方法明显效率更高。诚然，在大学阶段没有什么是比认真上课更重要的。但是，如果考虑以最快捷的方式实现产出的话，恐怕旷课不失为一种好的选择。

在麦肯锡公司写材料时，有时不得不翻译国外的网页内容。我的英语还算不错，因此，就想自己来翻译，同时也能在工作中体会到成就感。但是，在麦肯锡公司是不允许这样的。因为公司内有专业的翻译团队，只需要将翻译工作交给相关负责人就行了。除此以外，公司内还有专门做PPT和调查工作的团队。我坚持认为“只要自己努力，一定能做出成绩”，但是，如果努力的方法是错的，就会影响效率，甚至是事倍功半。不要一提到“努力工作”，就总是不动脑子地浪费时间蛮干，这是极其错误的。

无论对谁而言，每天都只有24小时。因此，自己能够支配的时间是非常有限的。顾问本身就应该将精力放在解决问题上，通过判断，明确该委托谁办什么事，最大限度地借助外力创造出成果，这才是科学的工作方法。

从进入公司到真正掌握这种工作方法的过程中，我逐渐开始思考如何在最短的时间内创造出最大的成果。但是，令人遗憾的是，等我真正学会时，已经是进入公司快一年的事了。

创造价值者胜

在麦肯锡公司，“效果（impact）”和“问题（issue）”是经常出现的关键词。而平时出现频率最高的关键词当属“价值（value）”。

麦肯锡公司极为关注价值，要求员工时刻反省自己“是不是在创造价值”，其企业文化认为无论什么样的产出，如果不能带来价值就没有任何意义。此外，在开会时，包括新入职员工在内，所有在场人员都必须发言，且发言内容要对团队发展做出贡献，决不允许出现“某个成员在会议中不发挥任何作用”的情况。换句话说，就是不管你进入公司多长时间，也不管你的立场如何，只要你的意见是有价值的，就会得到尊重。

归根到底，最终判断是否有所谓“价值”的标准就是能否得到客户的青睐。在麦肯锡公司，人们将能够吸引客户关注的行为称为“扎到心里”。实际上，当初我的上司第一次看到上文提到的“制胜报表”时，也是不满意的，认为根本拿不出手。但是，我坚信这就是客户想要的东西，并按照报表内容进行了汇报。结果报表完美地“扎到”了客户的心里，得到了高度的肯定。这样一来，经理也不再要求我进一步修改报表了。通过这件事，我领悟到一个道理，那就是无论团队中的上司怎么说，只要最终能说服、震撼、感动客户，就大功告成了。

从这个角度来看，作为笑星，在面对现场观众时，能不能让大家开怀大笑，有没有“观众缘”，就是判断是否成功的全部依据，而之前的准备等环节并不重要。比如，在笑星培训班的“段子展示”环节中，无论节目被批得多么一无是处，只要实际演出时，作为客户的观众被逗笑了，就完全没有问题。笑星培训班的导师也经常说：“真正逗笑观众的人才是胜者”，“只要有观众缘就好，其他的都不重要”。这一点与“创造价值者胜”的理念不谋而合。

保持强势的姿态

正如我刚才所说的那样，麦肯锡公司的工作一直都是在假设的基础上向前推进的。在这种情况下，就要求“表明姿态（stance）”，也就是所谓的“表明立场（position）”。概括起来，就是强硬地坚持自己的主张。在已经有了设想的情况下，就不能再说“可能”“大概”“两个都差不多”之类的模棱两可的说法，而应该说“就要这样做”。只要假设不被驳倒，就应该强硬地坚持自己的意见。在这种方法的指导下，非常容易出现赞成或反对态度鲜明的局面，将进一步加快讨论的进程。就我个人的亲身经历而言，有一次在回答一位经理的问题时，我用暧昧的方式说道：“两个都差不多。”结果遭到了严肃的批评：“石井你应该更加鲜明地表明自己的姿态。”

此外，假设某位客户正在为从A和B两个方案中做出选择而感到烦恼不已。而无论A方案还是B方案，都存在各自需要解决的“课题”（下文还会提到，麦肯锡公司具有超积极的思维方式，一般是不用“缺点”“弱项”等带有消极意味的语言的）。在这种情况下，顾问是决不能说“两个都行”之类的话的。而是必须在进行验证的基础上做出结论，至少要给出“出于这个原因，应该选择A方案”这类的带有主观判断性质的答复。从客户的立场来看，如果“真的是两者都行”的话，就没必要特意委托咨询公司来帮着谋划了。实际上，在进行咨询时，客户是希望能够做出最终决定的，也就是要实现“既然这么推荐了，只能选择某个方案”的效果，因此，咨询公司应该表现出强势的姿态，帮助客户下定决心。

在笑星培训班中，我也学到了一点，那就是“要树立自己独特的性格”，“表现出自己的特质”。在实际学习过程中，我也出现过不知道自己想要表达什么或者不知道笑点在哪里的情况，结果写出的段子非常无聊，给老师的印象很差。对此，老师批评我说：“你根本就没有向观众表达出自己想要做什么或者想要逗大家开心的强烈愿望。”我想当时的我正处于“没有态度”的状态之中。现在的我非常重视表明自己的姿态，会直截了当地告诉大家“我想做的是什么”。

要么晋升（UP），要么淘汰（OUT）——只有不断进步才能生存

在麦肯锡公司中，顾问这个职位涵盖的职务范围非常广泛，任职者既有刚进入公司一年左右的商业分析员，也有作为合伙人的联合经营者，大体可以分为商业分析员（business analyst）、咨询师（associate）、项目经理（engagement manager）、副主管（associate principal）、主管（principal）以及董事（director）等六大类职务。主管和董事相当于公司的合伙人。

根据公司规定，职员每3~4年的时间就要晋升一级，如果无法实现这一目标，就不得不离开公司。当然，晋级成为合伙人也不意味着可以就此高枕无忧。这种制度是为了避免出现职员入职后就觉得自己进了“保险箱”，开始论资排辈，靠年头“养老”的问题。通过“UP or OUT（要么晋升，要么淘汰）”的规则，可以提醒员工时刻注意：当自己无法持续成长进步时，就无法在公司继续混下去。从而激励员工不断努力。

究竟能不能升职，也就是说能不能成长进步，是有明确的评估体系的，每半年会按照项目进行一次评估。实际上，在评估时，会直接给出4~5个等级的评分，这些评分是用英语明确表述的，比如："非常好，成长速度极快！""成长速度合格""成长速度一般，下次如果还是这样就要被淘汰了""直接淘汰"等。公司是根据评估结果，来确定员工是否能够晋升到下一个职级的。当确定不能晋级时，员工就只能寻找其他适合自己的工作了。当然，从麦肯锡公司离职的人并不都是被淘汰的，离职的理由各不相同，有许多是与这个评估标准没有关系的。比如：发现自己真正感兴趣的事情，并辞职追求梦想；不认同升职的评估标准转而辞职，等等。

此外，与刚才提到的纸质评价不同，麦肯锡公司还经常会通过口头或邮件的形式，对个人的工作进行反馈，这种观念深植于企业文化的土壤之中。一般，上司每半天或一天会与员工进行一次面对面的交流，对当天的工作进行小结，比如："今天干得不错，这里再按照这样改一下就更好了。"等等。在这种氛围中，员工能够清楚地了解自己哪里干得好，哪里还存在改进的空间，对于员工的成长而言是非常难得的。但是，在心态调整方面，却给人带来很大的挑战，令人难以保持稳定的状态。这与喜剧创作过程中的审段子和提缺点是非常相似的。

在麦肯锡公司中，虽说员工是为公司打工的职员，但是，个人却不能有这种思想，不能等着被分配工作。公司设有内部竞聘机制，每周会在公司内部统一发一次面向新员工的项目招聘邮件，还没有参加项目的人员可以选择自己希望参与的项目应聘。如果有想积极参与的项目，就必须与负责项目的合伙人或经理单独联系，去听听他们的想法，或者表达一下自己希望参与项目的热情，争取留下好印象以顺利进入项目组，不这样做是不行的。此外，还需要采取“策略”，避免涉足自己不擅长领域的项目，尽量选择自己擅长并且容易出成绩的领域，这样才能充分展现自己的能力。

如上所述，在进入公司后，仍需要继续“在公司内部求职”。但是，只要你自己足够优秀并且口碑好，那么，就算你不说话，也会有项目主动上门发出邀请的。即使没被项目选中，也可以以“后备队员”的身份支援正在开展的项目，因此，不会出现完全没有工作可做的局面。当然，如果你是真正“高效”的优秀人才，那么就不会在“后备队”中待太久，这一点是毋庸置疑的。

麦肯锡公司人事评价制度的优点在于采用的是“绝对评价”[①]的方法。这与其他公司中常见的“相对评价”[②]的方法是完全不同

---

① 绝对评价是指在评价对象的集合之外确定一个评价标准，称为客观标准。在评价时，将评价对象与这个客观标准进行比较，以是否达到标准作为评价的主要依据。

② 相对评价是指在评价对象的群体中确定一个评价标准，然后将该群体中各个对象逐一与标准进行比较，以判断该群体中每一成员的相对优势。

的。在相对评价法中，比如公司内只有三个主管的职位，那么就需要大家展开一对一的直接竞争，角逐仅有的三个名额。而绝对评价法参照的对比对象是过去的自己以及作为评价标准的理想成长曲线。从制度设计上来讲，这种评价方法可能会出现比较极端的情况，即：当同一批入职的每个人都达到了成长进步的标准时，所有的商业分析员（business analyst）都可以晋升为咨询师（associate）；当所有人都不能达到标准时，那么就没有人能够晋升。

由于公司内不存在职位竞争这个概念，同期同事并不是竞争对手，而是并肩奋战的伙伴。我自己常常会感到，如果同期同事都是竞争对手的话，恐怕最容易屈服的应该就是我了。现在想起来，刚进入公司时，同期同事“希望大家都能晋升为咨询师”的看似幼稚的发言真的令人非常怀念。顺便说一下，我们2008年进入公司的这批应届毕业生共有20人，现在仍在麦肯锡公司工作或者已经出国进修但将来确定要回麦肯锡的只剩下了6人。

在麦肯锡公司工作，要挑战的竞争对手无疑是过去的自己，而并不需要与其他人去直接比较。我认为从这一点来看，艺人这个行业也是如此。当然，看到同期同事表现得积极活跃时，自己也会产生好胜心，从而发奋努力。但是，如果将格局提升一些，就会发现其实是没有具体的晋升名额限制的，大家并不是为名额而争得你死我活的。

不存在“舒适区”的世界

在麦肯锡公司中，经常会听到一句话，那就是“不允许有舒适区（comfortable zone）的存在”。

“Comfortable”这个词在英语中是“舒适”“舒服”的意思。麦肯锡公司是不允许员工一直生活在对个人而言舒适的环境中的。在麦肯锡看来，当遇到乍看起来似乎无法完成的难题时，决不能产生退缩和畏难心理，而应该拼命努力，坚持挑战。舒适的条件容易腐蚀人的心灵，消磨人的意志，从而令人放弃拼搏努力的斗志。因此，在鼓励员工快速成长进步的麦肯锡公司中，是不希望也决不允许出现这种状态的。在全力以赴拼搏的过程中，自然会产生压力。麦肯锡公司就是这样一家企业，最开始时，大家往往觉得完不成任务，这很正常。但是，随着工作的开展，大家会越来越清醒地认识到自身实力与目标的差距，同时，目标也会随自身能力的提高而提高，因此，大家会觉得自己越努力离目标越远。所以，大家表面上看起来虽然都很平静，私底下却都在全力以赴地较着劲儿，希望能实现自己的目标。从作为新人开始，我就经常被提醒："如果感到自己过得很舒适，那么就应该反思了，这种状态是非常危险的。"外界常常开玩笑地将麦肯锡称为"自虐型（masochism）"公司。如果取"自虐"这个英文单词的首字母，可以称麦肯锡为"M公司"，再加上"麦肯锡"的首字母"M"，真可谓是"M中的M"[1]。

喜剧的世界中也不存在舒适区。作品不卖座就是不卖座，卖座就是卖座，演员们一直面临着严峻的挑战。永远不会出现一劳永逸的安逸状态。写段子本身也是对过去的自我发起挑战。费尽心思想出来的包袱第一次搬上舞台表演时，非常怕得不到观众的认可，于是就变得极为紧张，虽然很期待，但是也会感到恐惧。越是精心打造的作品，在观众面前演出时就越需要勇气。只有效果出来后，才能感到"在段子中注入了新的生命"的瞬间绽放。光演出一些熟悉的段子固然很轻松，但只有不断挑战新的作品才能继续成长，从这个角度来看，是永远也没有舒适区的。

① 意思是"自虐中的自虐"，也就是超级自虐。

无论何时都要保持“PMA”！

在麦肯锡公司中，“PMA[①]”是经常会出现的一个词。所谓“PMA”是“Positive Mental（or Mind） Attitude”的缩写。简而言之，就是“无论面对什么情况，都要积极努力！”。在会议或普通的谈话过程中，我们经常会听到这个词。上司和前辈也会用这个词来教育我，同事之间有时也会用这个词来互相提醒、加油鼓劲儿。之前在半夜召开的会议中，当提案被推倒重来时，我听到一位前辈大声地重复“PMA！”给自己减压，这一幕令我记忆犹新。无论在多么恐惧不安的情况下，首先都应该从“积极地向前看”出发，大喊一声“我能行！”。如果不积极就无法发挥自己的最大潜力，也无法

---

① PMA是美国成功学领域的专有名词Positive Mental Attitude的英文缩写，即“积极心态”；反之，即是NMA（Negative Mental Attitude）——“消极心态”。运用PMA黄金定律支配自己人生的人，始终用积极的思考、乐观的精神和辉煌的经验支配和控制自己的人生，将最终获得成功；失败人士受过去的种种失败与疑虑引导和支配，他们空虚、猥琐、悲观、失望、消极、颓废，最终只能走向失败。

感动人心。讲到这里就已经进入了精神范畴。

我以前一度认为麦肯锡公司是一家引导大家充满理性地、冷静地解决问题的高大上团队。虽然这种看法不能算错，但是，在实际工作中，却发现这家公司也有许多接地气的工作方法。比如：在台风来袭，出现狂风暴雨等极端天气时，大家往往能突然迸发出激情，以极其高昂的士气和干劲儿加班推进工作；在接到某个难以完成的项目时，并不会找理由敷衍搪塞，而是以积极的姿态面对，从“一定能完成”的前提出发，认真思考完成任务的具体途径。

因此，正如刚才提到的那样，在麦肯锡公司中，人们会尽量避免使用消极的词语，比如“缺点”“问题”“短板”等，而倾向使用带有积极色彩的词，比如“挑战”“应该克服的难题”“应该成长进步的方面”。我认为之所以这样，是因为麦肯锡公司在解决问题时倡导的是面向未来的方式，鼓励员工以“能实现”为前提，积极挑战需要解决的残留问题。

让我印象深刻的还有蜂拥而至的各种压力，多到数都数不清。比如：要求在规定时间内创造绝对效益的压力，希望一直得到好评的压力，等等。顾问们必须顶着来自方方面面的压力拼命工作。此外，公司还会以组织名义直接批评或督促工作。有时就算老老实实工作也会被客户莫名其妙地大声呵斥。面对这些压力，成熟的方法就是睡一觉就忘了。如果不能做到这一点，无论你有几条命都是不够的，还不如就此放弃做顾问。

就我个人而言，当然是不具备这种精神上的韧性的。在麦肯锡公司中，没有什么工作是轻而易举就能完成的。最开始时，我认为“刚刚起步做不好是理所当然的”，但是，在面临考核的压力后，就变得终日战战兢兢了，非常怕因为不合格而被淘汰。就算出现一点点纰漏，或者被上级提醒一下，就会感到情绪低落，觉得自己“已经完蛋了”。在向优秀的同期同事和前辈们请教处理压力的窍门时，得到的答案是：“就算惹领导或客户发脾气了，也不要太放在心上。”“就算有什么烦心事，只要睡一觉忘了就是了。”当然，也有前辈说只要想着“自己又不是非得在这儿才能容身”就好了。能够成功的人，必定都是抗压能力强的，不会被一点儿小困难吓到。换句话说，也就是他们往往具备“钝感力[①]”和“Through Skills[②]”。如果现在的我能对2008年刚进入公司时的自己传授点儿经验的话，我最想说的就是：“要保持钝感力，就算发生天大的事也要学会不受影响。”

保持积极心态的重要性不只体现在咨询领域。前些日子，在某

① 钝感力：其实是日本作家渡边淳一创造的新词。按照渡边淳一自己的解释，“钝感力”可直译为“迟钝的力量”，即从容面对生活中的挫折和伤痛，坚定地朝着自己的方向前进，它是“赢得美好生活的手段和智慧”，可翻译为“坚定意志”。

② “Through Skills”是日本人创造的日式英语，意思是指能够无视流言蜚语等来自外界因素的影响，坚持自己主见的能力。

个电视节目中，我遇到了一位之前一直对我照顾有加的朋友，他对我说："不积极是不行的，如果不积极，好运就不会找上你，那些受欢迎的艺人无一例外都是积极的人。"

从这个角度来看，我骨子里并不能算一个积极的人，甚至可以说是一个消极的人。在孩提时代，有一段时间，我成为了班长等一小圈子人的眼中钉，经常遭到他们的诋毁。自那以后，我就变得非常消极，坚持认为："无论对待什么事情，都要先想好最差的局面，这样在无法实现愿望的时候，心情也不至于太低落。"虽然我是基于危机管理思维才这么考虑问题的，但是，无端地对充满不确定性的未来产生消极情绪，却是没有任何理由的。经过在麦肯锡公司的历练，我终于想通了，觉得应该从积极的方向去思考问题，遇事先设想出未来的理想蓝图，之后再想方设法地研究如何去实现。

作为生存法则，无论是商业领域还是喜剧舞台，基本都要面对"充满不确定性的未来"，这并不像设计精密仪器那样，能够精准地复现设计时的各种设置。在这些充满变数的领域中，首先要从积极立场出发思考问题，坚信"一定能实现！""一定会受欢迎！"，从中可以迸发出令人难以置信的可怕力量，能够帮助你在追寻梦想的路上越走越远。

缺乏自信是“最差”的

我在麦肯锡公司工作期间，经常被提醒的一件事就是“要保持自信”。这与上一节提到的“PMA”一样，都属于精神范畴。同时，与“保持强势姿态”也是相通的。

在客户面前阐述自己的观点时，必须保持自信的姿态。如果缺乏自信，就会变得扭扭捏捏，给人一种不踏实、不可靠的感觉，这样是无法说服客户的。向客户提供服务的最低标准就是：让客户觉得“这个人对于策划方案的内容非常自信，可以让他试试看”，如果连这一点都做不到，那么是不可能说服客户的。

我最开始进入项目组的时候，也无法充满自信地回答经理的各种提问。甚至还会觉得：“现在这个阶段还没法绝对地说到底哪个是对的吧？”但是，经理的世界中是不存在“绝对”的概念的。如果追求绝对，就什么事情也办不成。因此，首先要做的就是进行假设，就算存在勉强也必须提出设想，然后，就要毫不犹豫地尽自己当前最大的能力提升假设的准确度，并充满自信地推进项目进展。

这一点在面对客户时是非常重要的。还记得有一位与我一起参与某个项目的老员工，无论什么情况下都能充满自信地站到客户面前发言。俗话说："宁可充满自信地讲错的事情，也不要缺乏自信地讲对的事情。"当然，这句话只是在讲姿态的问题，我们决不能明知道是错的还要去讲。由此可见，"缺乏自信"是多么大的过错啊！

在实际工作中，总会碰到缺乏足够证据而导致底气不足的情况。在这种情况下，决不能流露出焦躁不安的情绪，一旦站在客户面前，就要"鼓足勇气展现出充满自信的一面"，这也是工作内容的一个重要方面。

那是我刚从笑星培训班毕业后不久，有一次在社交网络上与在麦肯锡共事过的女同事聊天。她问我："看起来，你在麦肯锡时积累的经验仍然在发挥作用啊，是吗？在喜剧与顾问这两个完全不搭界的领域，存在什么相同点吗？"对此，我是这样回答的："如果说有什么相同的，那就是无论做什么，都要充满自信、恪守初心、光明正大地去努力。因此，如果你毫无自信地去做事，对方就无法感受到你的诚意。真正令人动容的是正大光明、自信做事的'姿态'。"她非常赞同我的意见，认为："从本质上讲，在相差这么多的两个行业中存在的共性特点，一定是具有普遍意义的。"

本来，自信就不需要什么证据之类的来印证。人生就是这样，不管你多自信，只要你自己高兴就没有任何问题。在笑星培训班期间，有一位同学给我留下的印象非常深刻，他是一个非常自信的人，不管段子怎么样，都能充满自信地从容演绎。也正因为如此，他才展现出了与众不同的独特魅力，给大家一种“这个人真厉害！”的印象。

乍一看，麦肯锡公司和笑星这个行业是两条平行线，没有任何交集，但是，从客户至上——必须向客户提供满意的服务这一点来看，两者在本质上又是相同的。

你在麦肯锡公司也搞笑吗？

“你在麦肯锡公司也搞笑吗？”这是我2012年年末参加“Goodfind”[1]主办的“麦肯锡出身的笑星教你如何度过只有一次的人生”的主题演讲时，一位同学在现场提问环节提出的问题，令我印象深刻。

实际上，在麦肯锡公司，我还真有那么几个瞬间试着去搞笑过。

首先，是我最开始加入航空公司项目组时的事。在中国的航空公司中，空姐的制服一般都是旗袍，我们团队内部将这称为“亚洲的魅力”。某天晚上，整个团队一起去中餐厅聚餐，餐厅服务员穿了一件非常妖媚的开叉很高的旗袍，因此，我就大胆地和经理开玩笑说：“经理，你看这才是真正的亚洲魅力吧！”结果没想到，经理一本正经地批评我：“石井，请时刻注意保持自己的职业素养！”其他

① 一家面向大学生的商务培训学校。

的前辈们只好看着尴尬的我不好意思地苦笑起来。现在看来，那位经理恐怕只是没有时间和精力去开玩笑罢了。其实，麦肯锡公司并不是一家禁止开玩笑缓和气氛的企业。但是，作为成年人，由于开玩笑而惹恼同事实际上是非常尴尬的，因此，自那以后，在这个项目组中，我就非常注意自己的行为，坚决不再开玩笑了。

从某种意义上来讲，我是一个非常热衷于宴会活动的人。进入公司几个月之后，我就成了公司传统集会——夏季晚会的主持人。按照传统，在被称为“Year End Party”的公司年会的餐后酒会中，每位新人都要表演节目。我认为这是一个肯定连外国人都知道的重要活动，因此，选择了同一批人一起跳迈克尔·杰克逊的《颤栗》（*Thriller*）作为演出节目。在大家都忙于工作的情况下，选择每周五晚上集合向舞蹈老师学舞的方式排练节目，并最终完成了演出。在节目当中，我负责跳杰克逊的角色，其他人扮演僵尸（zombie）。演出取得了巨大的成功，第二天公司的人见到我，甚至都叫我“迈克尔”了，就这样，我成了公司的名人，知名度骤然提升。

但是，麦肯锡不愧是麦肯锡，靠这种方式提升知名度并没有给我带来任何好处，根本没有项目组来主动邀请我加入。因为麦肯锡公司的工作并不像销售人员那样以接待为主，而是要求具备解决客户经营管理问题的专业素养。在这种类型的企业中，虽然人格魅力会受到尊重和肯定，但是，“在宴会中表现抢眼”之类的特点并没有任何价值。虽然我对这一点有充分的思想准备，但是，没想到的是竟然连一个工作邀请都没得到。

后来，有位与我关系非常不错的同期同事对我说：“你知道吗？其实这家公司的人都知道你。”我不无感慨地回答她：“明明都知道我，却不邀请我参加项目，这难道不比不知道我还令人灰心吗？”从麦肯锡公司辞职后，一位和我关系非常好的前辈对我说：“早知道你想成为艺人，就一定会和你一起合作搞项目了！”看起来事情也不能完全一概而论啊！

逐渐变得不明朗的发展前景

最初的航空公司项目大约在2008年的7月末结项了。由于在项目中发挥了一定的作用，我得到的评价也越来越好。好不容易忙到了夏天，本来可以带薪休假放松一下。但是，当时的我充满了干劲儿，一心想做出成绩，于是就马不停蹄地进入了下一个项目。现在看来，正是这个项目大大改变了我的命运。

同年8月，我参加了公司的调查项目。由于没有客户委托，只是面向公司内部收集意见的项目，因此，与客户委托项目相比，每天就过得相对比较轻松。按理说作为一名顾问，大家都希望能够在客户委托项目这样的重点项目中发挥作用，得到积极的评价。但是，从长期来看，公司调查项目与客户效益之间存在一定的联系，偶尔参加一下也是不错的选择。

通常情况下，经理会根据需要参与到项目的具体事务之中。但是当时他手头上正好有个客户项目，忙得根本无法分身。基本上都是由作为咨询师的前辈和我两个人负责具体事务，推进项目进展。

一直到9月份，我都过得非常顺利，前辈给了我许多帮助，我从中学到了很多。

但是，到了9月底的时候，这位前辈从公司离职了，只留下我一个人继续负责项目。令人感到不可思议的是，在项目已经完成了预期任务并且没有任何工作需要做的情况下，经理却依然希望我留在项目组中，要求我："能不能再留一段时间？这段时间内还会进来新人。"

本来，麦肯锡公司中是不允许出现任务不饱满的项目的。与当时参与航空公司的项目相比，我觉得这个项目简直轻松得令人无法置信。看到同期进入公司的同事们为客户项目终日忙碌的身影，我感觉他们每天都在快速成长，令人羡慕不已，于是开始变得焦躁不安起来。正因为自己曾经有过参与客户项目的经历，才更了解在短时间内到底能学到多少东西，也更为错过了学习的黄金时间而感到惋惜。

这个项目本来到9月份就应该结束了。但是，却一直拖到了11月，并且一直也没进所谓的新人。虽然我有充足的时间可以自学，但是，与在客户项目中每日奔走的状态相比，进步速度受到了大幅影响，因此，一直都处于焦虑状态之中。

当年秋天，不巧发生了雷曼兄弟破产事件[①]，市场变得越来越不景气。麦肯锡公司也受到了短暂的间接影响，公司内开展的客户项目数量也不断减少。我向公司人力资源的调配部门（负责将顾问分配至每个项目中的部门）反映了自己的情况，但是，并没有得到理想的答复，只是被告知："还有许多人进不了公司的任何项目之中，只能成为后备队员，我们不能将正在参与公司内部项目的你调出来，强行插到客户项目中，这样做是不妥的。"在当时的条件下，我选择了接受。但是，现在看来，当时还不如狠下心从公司内部项目中抽身出来，成为后备队员。因为作为后备队员，还有机会近距离学习项目相关行业和前辈的工作方法，对个人的成长进步是非常有益的。

在这种尴尬的局面下，项目被拖到了12月份，后来终于有一个比我早两年进入公司的前辈被调进项目组。但是，并没有增加什么工作量，也没有出现需要通过团队协作来解决的问题，直到最后，我都不能理解为什么这样一个项目会被无限期地延长。在充满焦虑

---

① 2008年，原美国第四大投资银行雷曼兄弟由于投资失利，在收购谈判失败后宣布申请破产保护，引发了全球金融海啸。美国财政部和美联储协助挽救濒临破产的贝尔斯登，却拒绝出手拯救雷曼兄弟的做法惹起巨大争议，市场信心崩溃到一发不可收拾，股市也狂泻难止。事件引发的金融危机留下的一个重要教训就是：贷款商之间的竞争虽然培育了创新，但也带来了高度的不稳定性。

的情绪中，我终于在12月底被调出了项目组。

麦肯锡公司每半年会发布一次升职公告。结果我发现当年12月的升职公告中，在任务已经完成后仍将我强行留在项目中的那位经理升任为了副主管。在这一级别的升职条件中，有一条是“同时担负多项任务”，也就是说，必须同时开展多个项目。这令我不禁怀疑：项目之所以会被没有理由地延期，难道是为了经理自身升迁提供依据吗？但是，他真的会为了这么点儿利益，就把一个新人强留在毫无意义的项目中吗？真的令人难以想象……

就这样，在工作方面前途未卜和得到绰号“迈克尔”的状态中，我的2008年落下了帷幕。

专题一

如果什么都不做肯定是零，如果行动起来就会有加分，最差的结果也就是零。

在经典美剧《欲望都市》的四个主人公中有一位名叫萨曼莎的，她对爱情的态度非常积极。我的好朋友中有一位可以说就是现实版的萨曼莎。只要心里面的感觉对了，就会果断地采取行动，决不会像普通人那样踌躇。

那还是我上高中时的事情，对于在女校走读的我们而言，补习班是唯一能接触到男生的地方。在那里我们一般都会把学习抛在一边，一起谈论“有个帅哥”之类的话题。但是，这仅限于女生之间在远处叽叽喳喳的闲聊而已，大家根本不会去主动靠近。有一天在回家的路上，我前面提到的女同学突然说了一句“我有点儿事情要办”，就跑了出去，直接钻到了一群男生中间，主动与自己心仪的男生攀谈起来。在旁边目睹了这一幕的我们完全被她的行动力所震惊，根本不知道该说什么好了。

“现实版萨曼莎”的传奇故事还远不止这些。进入大学以后，在她打工的商店里有一位长得非常帅的常客（她是个“颜控”），后来有一天，她就趁快下班的时机与那个帅哥搭讪，并开始了正式交往。

有一次，在星巴克咖啡厅看见了一位长相酷似奥兰多·布鲁姆的外国人，于是她又去主动搭讪。从这么能吸引帅哥的角度来看，也称得上奇女子了。但是，这次她并没有发展出恋情，只是达到了陪着他一起去变更手机套餐种类的程度。

如果极端一点儿来说，她就是个专门挑逗男性的“问题少女”，可能会给人一种奇怪的感觉。但是，实际上她对自己的感受非常在意，对于幸福的追求极为认真。也就是说，“如果错过了那一瞬间，恐怕就不会再有第二次机会。没有理由不选择主动搭讪”。

如果什么都不去做，结果肯定是一无所获。但是，只要行动起来，就有机会取得成果，最差的结果也就是一无所获罢了，因此，可以说是“有益无害”。从我的角度来看，总怕搭讪会被对方拒绝，因此，非常抗拒主动。但是，就算遇到了冷酷无情的刻薄之人，只要你自己不在意，就谈不上什么损失。当然，那位传奇女同学自己也说，搭讪成功率本身并不高。然而，如果坚持无所畏惧地比别人更先发动进攻，从开始行动的瞬间就意味着故事拉开了序幕，也就也可能收获完美的爱情之果。我曾亲眼见证过许多这样的奇迹，不知道大家在多大程度上能够认同单纯依靠勇气就可以改变人生这一观念。

第二章

我的决定

“结束”的开始

在经历了耗时漫长的公司内部调查项目后，我并没有得到提升。当时，我下定决心，新年开始必须开足马力全速前进，否则将面临被淘汰的危险。12月时，我与上文中提到的经理进行了一次长谈，表达了希望参与其他客户项目的愿望。我幻想着他无故将我留在项目中那么长时间，总能通融一下，帮我争取些机会吧。但是，在新年的第一周，我的愿望并没有实现，反而被列为不属于项目正式成员的后备队员，派往客户公司常驻。虽然是后备队员，但是能够出差前往客户公司，给项目团队提供支援。

出差过程中，我与上文提到的经理在客户公司内偶遇了。他好像什么也没发生过一样，只是看似亲切地鼓励我说：“干得挺起劲吧？”根本没有提到我们曾经谈过话的事，之后就匆匆离开了，这种态度令我不禁怀疑：“嗯？当时和我谈话的到底是谁呢？是其他人吗？”

在这一瞬间，我更加确信经理是将我当成了他升迁的垫脚石。

就算没进入客户项目组是无能为力的，我还是被他的反应打击到了，突然觉得自己被利用和背叛了。这时的我终于搞清楚了，经理只是表面上装出一副理解我的样子，但是，实际上心中却是漠不关心的。

这位经理的做法令我陷入了深深的怀疑之中，当时对我造成的打击非常大。但仔细想想，对他而言，做出这样的选择也是合理的。由于向上爬得位置越高，在公司内就能生存得越久，因此，有时也必须做出“雁过拔毛”的自私之举。果然是“要么晋升，要么淘汰（UP or OUT）”的残酷世界啊！为了达到自己升职的目的，必须动用一切可以使用的手段，不管牺牲什么都在所不惜。更何况是对自己未来不会产生任何影响的一个普通商业分析员，牺牲她的成长和前途根本不值一提。我竟然冷静地对待了这一切，清楚地认识到了这就是外资企业的生存之道。

现在想起来，也正是从那个时候开始，我也变得越来越奇怪了。作为后备队员，在没有事情干的时候，完全可以用电脑做自己喜欢的事情。但是，我并没有这么做，反而整天守在客户公司中，保持着高度紧张的状态。每天不干出点儿成绩，就觉得心慌意乱。出了房间后，总爱躲在走廊柱子的暗处，蹲在那里做深呼吸。

在之后的几周时间内，我都在同一领域担任后备队员，深陷于气恼无奈的情绪之中无法自拔。于是，我决定做出改变，申请作为后备队员加入其它行业的项目，结果得到了在金融战略项目中帮忙三周左右的机会。虽说是后备队员，但是得到了项目组的充分信任，与项目中同期进入公司的正式成员一样，被授予了酌情决定事务的权限，并获得了参加客户公司举行的会议的机会。在这段帮忙经历中，我充分体会到了良好的团队工作氛围，感受到了久违的“享受工作的幸福感”。在这种环境中工作，即使是每天加班加点，也完全感受不到辛苦。

这么充实的三周时间转瞬即逝，在2月中旬时，我终于迎来了进入客户项目组工作的机会。在这个项目中，整个团队都要到客户公司工作，并且，全程都需要使用英语。由于加入项目组时，整个项目已经完成了一大半，进入了最终阶段，我的主要任务就是协助前辈们完成工作，因此，在忙忙碌碌中度过了几周时间。但由于自己并不是项目工作流①中的核心部分，并没有创造太多价值的机会，焦急的情绪更加严重了。

工作过程中，也有短暂休息的机会。当年3月初的时候，麦肯锡公司举办了名为“BAT（Business Analysis Training）”的商业分析培训，将公司亚太区的新员工召集在一起，进行为期一周的全

① 工作流（work stream），指业务过程的部分或整体在计算机应用环境下自动化实施的工作方式，是对工作流程及其各操作步骤之间业务规则的抽象、概括描述。

球培训。培训场地选在了新加坡的圣淘沙[①]，我们白天全力参加培训，晚上开心地参加聚会，度过了难忘的一周。现在想起来，当时的我在大家面前，似乎扮演着嘉宾和培训讲师的角色。

培训结束后我就回国了。但是，这个时候项目已经进入收尾阶段了。同一客户的新项目已经启动了。之前和我们一起工作的日本前辈退出了项目组，从德国调来了新的经理，我开始了只有我们两人在客户公司工作的日子。自此，我的生活节奏完全陷入了疯狂的局面。

① 圣淘沙岛，被誉为“最迷人的新加坡度假小岛”，占地390公顷，有着丰富多样的娱乐设施和休闲活动区域，素有“欢乐宝石”的美誉。

废寝忘食的每一天

我的麦肯锡生涯中最后一个客户项目就这样开始了。通常来说，公司总会在我这样的商业分析员身边安排一位咨询师以上职级的顾问，以便给予适当的建议。但是，在这次的项目中，只有我和从德国调过来的经理两个人。无论做什么事情，都只有两个人商量，如果他不理解日语表达，我们就只能用英语交流推进工作进展。

就这样，我工作的每一天都充满了问号。就算有不明白的地方，连个可以商量的人都没有。甚至已经到了分不清到底哪里不清楚的程度，完全陷入了负能量的旋涡之中。这令我深切地感受到，在工作方面，真正左右压力的并不是工作内容，也不是劳动时间，而是与谁在一起共事。在与这位从德国调来的经理一起工作期间，我们完全处于不合拍的状态之中，共同度过了一段充满压力的时光。

平时，他是一位温文尔雅的人。之前他在德国工作期间临时造访日本时，想要给交际对象买些特产和礼物，我还热情地充当导游，带他到东京六本木[1]的商场中购物。但是，人际关系融洽与否与工作方式是否合拍是完全不同的两件事。推进工作的理念不合，每天都在消磨我的意志，当然他也感到相当焦虑。

这位经理是一位非常优秀的“执行者（performer）”，擅长在极短的时间内创造出价值，堪称职场楷模。正因为如此，他对于我不善于迅速理解工作要求这一点非常着急。于是，他经常怀疑：“如果仅发一封邮件，她到底能理解到什么程度呢？”并开始事无巨细地干涉我工作中的每一个行动和细节。我时时刻刻都会接到他琐碎的指示，因此根本没有独立的空间，大脑逐渐变得不会思考了。如果信任团队伙伴，就应该赋予他们一定的独立权限，预先明确希望达到的目标和效果，而不应该下达具体的琐碎指示。出现这种过度执着于微观管理的局面，可以说是最差的状态。

有一次，在看到我计算的数字后，他竟然以强硬的口气训斥我：“This doesn't make any sense！”（“完全看不懂你统计的是什么！”）在被这样训斥一顿后，我觉得“数字没错啊！”，但是，却不能和他争辩。实际上，后来他也承认我统计的数字是正确的，但是，当时的我竟然完全没有争辩就败下阵来了。

---

① 六本木是日本东京港区中的一个区域，位于东京日比谷沿线，赤坂以南，麻布以北。

在这个项目期间，我经常不吃午饭也不吃晚饭。白天的时间都用来搜集资料了，省下来的吃饭时间可以用来看与项目相关的内容。没有谁比当事人更了解自己是否为项目尽了全力，因此，我始终处于烦恼和焦虑之中。在这种状态下，我承受着相当大的压力，变得心力交瘁。

每天早上，我在公交车站买上点心当早餐。由于工作节奏极度紧张，白天除了喝饮料以外，我几乎不吃任何食物，每天只依靠早上的点心和饮料来维持生活。在工作时完全不吃东西，一到了周末，我就报复性地暴饮暴食，导致体重剧增，达到了人生中最重的阶段。

好不容易迎来了周末，结束了工作日的忙碌，但是，到了周日的下午，我的呼吸就开始紊乱起来。现在看来，这应该就是所谓的“过度换气综合征①”。“海螺小姐综合征”②的特征是一到周末

① 过度换气综合征（hyperventilation syndrome，HVS）是呼吸中枢调节异常，换气过度超过生理代谢所需而引起的一组综合征。常表现为呼吸困难、肢体麻木、头晕眼花，严重者可有晕厥、抽搐等症状。发作时患者会感到心跳加速、出汗，因为自己感觉不到呼吸而加快呼吸，导致体内二氧化碳不断被排出而浓度过低，引起继发性的呼吸性碱中毒等症状，也称呼吸性碱中毒综合征、呼吸神经综合征、高通气综合征。

② 日本的心理学家将抑郁症的一种亚型称为“海螺小姐综合征”（又译作“蝾螈女士综合征”），是指远离家人独居的年轻女士，因为缺乏温馨家庭的支持，在周末看到新一集热播剧《海螺小姐》便会分外孤独，从而每到星期一就感觉到头痛、恶心、无力、上班没有动力的症状。

傍晚就会感到抑郁，而我则是下午就会产生生理反应。由于担心周一以后的事情，无论去哪里都完全不会感到兴奋和快乐。可以说，是彻彻底底地“病”了。如果冷静地分析，就会发现持续出现这种状态是非常不正常的。但是，当时的我已经麻木了，对此没有丝毫感觉。

那个时期，我的心脏经常会出现突然憋闷疼痛的症状，好几次差点儿在半夜从床上跳起来。我曾经去循环器官专科医院接受心电图检查，并没有发现异常，却搭上了接近两万日元的检查费。并且由于去医院检查，错过了宝贵的周末，更让我感到白白浪费了大好时光。

当然，我也和团队以外的前辈们进行了交流。结果，有位前辈提醒我：“‘和经理两个人常驻客户公司’，‘全英语项目’这两件破天荒的事情，不能同时去做，否则就会自找苦吃。”但是，我却坚持认为：“决不能在这个阶段当逃兵！必须坚持到底！必须迎头赶上！”结果把自己逼到了更为艰难的境地。

本来，应该更加坦率地表明自己所处的困境。但是，我却是一个非常好面子的人，讨厌自己被人当成经常抱怨的弱者，因此，并不愿意吐露自己的真实想法。

“完美职业规划”的魔咒束缚

非常明显，当时的我已经陷入了完全异常的状态。如果冷静地思考一下，还是有一些办法能把我从这种困境中解救出来的。

顾问的世界有一条规则，那就是“会哭的孩子有奶喝！”，因此，完全可以以“为了今后的发展，希望挑战一下其他项目”等理由，向人力资源部门表达自己的想法。就算因为没有坚持到项目结束而得到负面评价，只要之后在其他项目中发挥自己的实力，就可以有效弥补，从长远来看，这绝对算不上一个沉重打击。

此外，就像此前多次提到的那样，在麦肯锡公司中，无论对谁而言，“失败都是再正常不过的了”。本来，麦肯锡公司就是一家非常宽容的公司，绝不会出现因为失败一次就立即开除员工的无情行为，同时，公司还设有多个救济网。只是，大家并不会在脸上写上“请帮助我”，因此，即使总是沉默不语，恐怕也没有人会注意到异常。明明应该积极主动地行动起来，维护自己的利益，却完全陷入停止思考的状态，这是非常不利的。

回顾我的人生历程，在进入中学之后，每天就变成忙忙碌碌的学习，坚信只要努力必然会取得好的回报，并没有经历什么挫折失败。虽然，我非常清楚自己并不是一个能力很强的人，但是，在考试、升学、就业等许多方面，都还算得上一帆风顺，于是我开始盲目地认为无论做什么事，只要努力就一定能实现目标。但是，我并没有注意到这些成绩的取得与好运有很大关系……这令我不知不觉地萌生了扭曲的自豪感。在公司推崇的精英框架中，将“进入高层”视为自己的“正确”目标，希望按照“规定路线”一帆风顺地逐级晋升，不允许自己“背离规则”，羞于碌碌无为，不想浪费任何一点时间，逐渐成为了在统一价值标准衡量下追求“完美职业生涯”的人。

这样一来，我一度成为了“完美主义者”，决心在麦肯锡公司中最少要努力三年。说得更直白一点，或许是“最少要干满三年”。因为在职场上有一个大家都默认的共识，那就是从履历上来看，能工作满三年，就证明一个人干得很棒。

麦肯锡公司并不是那种鼓励员工从一而终的企业，刚毕业的应届学生在入职后，大约三年左右就会有一半以上的人离职。从这一点来看，麦肯锡公司更像是一个人才培训基地。员工们通过在职期间的努力，发现适合自己未来发展的道路，并为此积极学习、训练，一旦觉得条件已经成熟，许多人就会积极地向新的道路前进。

此前，我一直被社会上所谓的“三年神话”，也就是毕业生在进入公司后，最少应该干三年的“传统”所束缚，过着漫无目的的人生，觉得反正总会有办法，先过完眼前这三年再说，以后的事情留给以后再考虑。

但是，在麦肯锡公司，只是坚持干满三年也是非常困难的。有时，我也会听同事说：“你能从公司辞职真是非常有勇气啊！”他们之所以这样认为，恐怕是因为大家普遍觉得做出离开稳定工作环境的决定非常困难的缘故。但是，对我而言，坚持在麦肯锡公司工作是非常难熬的。当然，麦肯锡的工作节奏非常快，根本就没有“只要坚持忍耐就能混日子”的工作，无论什么情况下，你都必须发挥主导作用创造出成果。打个比方，为了避免被正在飞行的超音速喷气式飞机甩出来，每天都必须拼尽全力地抓紧控制杆，亲手操作飞行。

对完美主义存在误解的我一直对考核存在戒惧心理，承担着超乎想象的压力：“一旦发挥得有一点儿不理想，就会觉得彻底失败了！”结果导致终日提心吊胆，战战兢兢。现在看来，当时还不如不去考虑评价和小失误之类的干扰因素，只需要放开手脚、全心全意地投入到工作中就好了。像大多数公司一样，麦肯锡公司也不能免俗，会为员工构建“完美”的职业路径，结果导致对我的束缚越来越强，甚至连一点小小失败的打击都无法承受，逐渐变得畏畏缩缩。尽管我是在麦肯锡公司这样一个认为遇到挫折是再正常不过的，根本不存在什么常胜将军的地方工作，我还是陷入了怪圈，无法自拔。

对于坚信只要努力就一定有回报的我而言，这段经历是有生以来第一次遇到即使努力也无能为力的挫折。甚至连一直以来的努力方式都成了错的。但是，陷入停止思考局面的我却被所谓的“强迫症”所束缚，始终执拗地认为“根本不存在办不到的事情”“不能不努力”……并且，不想由于自己从项目中脱身而得到负面评价，因此，根本不去尝试离开项目，而是深陷在项目中无法自拔。

当时的我充满了虚荣心，虽然非常清楚自己并没有卓越的能力，但却决不允许自己的履历中出现污点，也受不了批评的言语，比如：在麦肯锡公司并没有积累职业经历，干了一年就不得不辞职，被周围的人取笑“还是适应不了工作要求”，等等。

但是，这已经到了我的极限，当时的我内心极度苦闷，甚至想要从生活中消失，有了轻生的念头。正在这时，到了3月末左右，和我同一批进入公司的应届毕业生中，有一个人离职了。在收到他发来的邮件的瞬间，我的心情突然变得轻松起来，觉得：“啊？竟然还有这条路可以走。”但是，到了这个时候，我关注的焦点并不是“他做出辞职的选择”，而是“自己没有成为同期同事中第一个辞职的人，真是太幸运了！”。可以说，当时的我，自豪感已经完全扭曲了。在这种情况下，如果自豪感正常的话，应该完全不会考虑自己是什么时候辞职的，也不会去管其他人是如何看待这件事的。刚才提到的那位同期同事就是一个很有主见、独立的人，根本不会被别人的看法所左右。

要是被汽车撞死了就好了……

晚上一旦躺在床上，下一个有意识的瞬间就是早上了。每天早上一睁眼总是想，天要是不亮就好了，地狱般的早晨还是来了。为了延长回家之后自己可以支配的时间，也是为了不那么早睡觉，每天晚上我都会重复观看自己喜欢的电影《泰坦尼克号》。

每天早上醒来之后，我总会打开电视机听听新闻，有一天我无意中听到一条报道称“出租车发生车祸的比率呈现出逐年增长的趋势”。说句不负责任的话，当时的我真的认真地思考过：“为什么我乘坐的出租车没有发生车祸呢？”但是，就算处于这种窘迫状态之中，我还是近乎疯狂地坚持认真执拗地努力工作，每天准时上班，可以说，患上了严重的“强迫症”。

4月，在樱花花瓣漫天飞舞的上班路上，总会不经意地想到“要是被车撞死就好了”。在公司中已经是举步维艰、处处碰壁了，因此，非常渴望逃到远离日常工作的地方，放开胸怀拥抱自然。但是，我非常清楚自己是一个不能原谅逃跑行为的人。如果跳到行驶的公共汽车下面可以一了百了，也算是解脱了。能被汽车撞死是最好不过的，因为这样一来，周围的人完全不会去想“还是选择了逃避”之类的，而是会报以同情，觉得被意外撞死太可惜了，同时也满足了我希望从现实窘境中解脱的愿望。“既然活得这么痛苦挣扎，还不如干脆去死反而轻松一些。虽说如此，生命却是无论如何也会自行了断的。”在这种纠结的状态下，我感到身心俱疲，却被性格中保守爱面子的一面左右，无法做出果断的决定。扭曲的自豪感真的是一个大麻烦。

在工作方面，没有发生任何积极的变化，仍然受制于性格不相投的德国经理，每天争分夺秒地拼命工作。逐渐被逼上绝境的我有一天终于忍不住了，开始尝试主动寻求帮助。公司内部有心理医生，只要给他打电话咨询，就可以疏导心理问题。既然到了走投无路的境地，我只能下定决心不顾一切地拨通电话。但是，由于经理随时随地都会给我布置任务，结果连打几分钟电话的时间都没有。于是我消极地认为：“为什么连这条解脱的路都被封死了呢？”万般无奈之下，我只能试着服用药店销售的抑制紧张的中药来缓解压力。但是服药之后，头脑就变得不清楚了，经常打瞌睡，反而更加无法清晰地思考问题了。

这时，我自己也意识到必须休息一下了，于是趁着经理回国的机会，选择了带薪休假，连同黄金周度过了一段较长的假期，休假结束后就进入了5月中旬。

正当我的精力稍稍得到恢复的时候，项目的合作方却突然对我说：“你已经在项目中干了三个月了，能不能换个项目干干呢？”我终于等到了解脱的一天。虽然合作方肯定是认定了我干不出什么成绩，但是，他并没有当面直接指出，只是通知我下周会有新人进入项目组而已，给我留足了面子。

如果人生能重来的话

终于从项目中解脱出来了，我的内心得到了暂时的平静。但是，我也意识到："再也没法在麦肯锡公司干下去了！已经彻底没戏了！搞砸了！已经无处可逃了！我该怎么办呢？真希望就此消失啊！"

此时，已经开始有从公司休病假的大学同学了。他和我的处境极为相似，都是在巨大的压力面前，身体开始崩溃了。据说他请假的理由是"想在公司至少干满两年"。在看到了与自己相似的情形后，我进行了客观理性的分析，认为与其病休还不如辞职来得干脆。但是，说起来容易做起来难。他认为"从东京大学毕业后，进入公司不到一年就离职，会在履历中留下污点"，其实，我也被同样的问题羁绊着，对他的处境更能感同身受。因为我自己的精神也在不断被侵蚀，成为了面子和虚荣心的奴隶，根本不敢考虑辞职的选项。

但是，从这时开始，被扭曲自豪感所束缚的我开始逐渐发生了改变。有时，我会在公司办公大楼的前面踱步，一个人思考问题。

“稍微放慢一下脚步吧！人之所以工作是为了生存，而生存的真正意义并不是为了工作。明明是自己的人生，我不希望白活一场，结果想干的事一件都没干成就死去了，如果真是这样，那不太蠢了吗？我再也不能被麦肯锡公司折磨来折磨去了。我才是自己人生的真正主角，必须紧紧握住人生之舵，活成自己希望的样子！”

在这一瞬间，我扭曲的自豪感终于消失了，重新萌生了“作为人的自豪感”“不管别人说什么都坚持做自己想做的事情的自豪感”，我开始思考自己的人生，觉得再也不能被世人所追捧的“好的东西”所左右，应该解放思想，放手去追求自己喜欢的东西。

当我认真思考自己想做的事情时，唯一明确浮上脑海的就是“成为笑星”。这可能是由于我之前一直觉得这种想法是荒诞的、不现实的、充满风险的、不合理的、不可能的、令人羞耻的、根本不可能实现的、愚蠢的等，在自己的人生轨道中根本不可能做出这种选择，因此此时才更想挑战看看。“真的要成为笑星吗？真要试试看吗？这么做有什么可质疑的吗？”我的内心在激烈地斗争，不断地自问自答。

我认为笑星一直是我梦想的职业，“要是能再活一次，我肯定会做”的那种职业。小时候，大家可能都有做足球或棒球明星的梦想，对我而言，成为笑星就是我的梦想。

实际上，先不管是不是真去尝试，许多人都声称自己向往成为一名笑星。我在上研究生的时候，曾经认识一位被住友商事公司内定录用的擅长组织酒会的研究室同学，我们就经常开玩笑说："希望将来有一天能一起进军搞笑界！"甚至连组合和娱乐公司的名字都想好了。但是，当时的我们充其量只是在口头上开个玩笑，并没有真正付诸实践的勇气和想法，可以说只是遥不可及的梦想。更直白一点来说，作为一名东京大学的学生，竟然说出这种话来，连自己都怀疑是不是疯了。只能说是深处安逸的环境之中，对充满"危险"的人生的一种憧憬而已。

在现实生活中，我一直认为决不能将这种"近乎于梦想的事情"当作职业来干，甚至都没有动过认真去尝试的念头。如果是出于兴趣或参加社团活动的话，还可以理解，但是，作为一名东京大学毕业的高材生，如果将这个作为谋生手段，就令人觉得有些"大材小用"了，甚至会被误解为为了逃避现实生活中遇到的困难和挫折而进入搞笑界，从而成为众人同情的对象。

我就是这样一种人，如果现实生活中东京大学真的有人为了梦想而追逐，那么，我会认为他非常有主见，令人敬佩。但是，轮到自己身上，又会觉得：光靠梦想能维持生活吗？甚至认为在公司工作才是真正的谋生之道。

在大学时代，我曾经加入过被称为"东京大学阿比大街

（*Abbey Road*）[1]”的模仿披头士乐队的社团组织。当时，有位低年级的同学说自己的梦想是成为一名职业音乐人，我觉得非常不现实，结果他最后并没有实现自己的梦想，而是成了一名普通的白领。

在我身边，也有人说自己想成为音乐人或艺人，但是，最后真正实现自己梦想的却一个都没有，我认为人生就是这样，梦想与现实之间存在着巨大的差距。因此，想成为一名笑星的梦想只能停留在“下辈子转世投胎时一定要尝试”的程度。

---

① *Abbey Road*（《阿比大街》）是英国摇滚乐队The Beatles（披头士）发行的第十一张录音室专辑。这是该乐队录制的最后一张专辑。专辑于1969年4月开始录制，9月26日在英国发行，10月1日在美国发行。*Abbey Road*被广泛认为是披头士乐队最精致的专辑之一，虽然乐队当时已名存实亡，但专辑还是受到广泛赞誉，被认为是史上最佳专辑之一。2003年，此专辑在《滚石》杂志评选的“史上最伟大的500张专辑”中名列第十四名。2009年，《滚石》杂志读者也将此专辑选为“披头士最佳专辑”。

家人、朋友……人生中绝对不希望失去的东西

但是，人生是绝对不可能重来的。在此之前，我之所以这么思考问题，是以“人生非常漫长。这辈子的路还长，不应该冒险去尝试风险这么大的事情”为前提的。然而，经过一系列生活实践的磨炼之后，我强烈感觉到死亡远比我们想象的来得快，“人生漫长”这个前提本身就是错误的。被形势所逼甚至觉得死亡是种解脱的我终于大彻大悟了，理解到了人生的真谛，那就是：既然我们总有一死，为什么不在死去之前尽情去做自己真正想做的事情呢?

是去死？还是现在就尝试成为一名艺人？如果必须在两者之间做出选择，我只能选成为艺人。

人们常说，应该在心平气和的时候考虑重要的决定。像我一样，一直处在悬崖边缘的状态中，是无论如何也下不了这么大决心的。如果不是在“摆脱了束缚”的精神状态中，我大概也做不出这种超乎寻常的决定。学生们经常会问我：“如果在麦肯锡公司干得不如意，您可以跳槽到其他公司就职啊，为什么非得选择成为艺人

呢？”个中缘由也在于此。当然，还有比这更重要的因素。

我坚信自己绝不会后悔做出“挑战自己，成为笑星”的决定。当然，我并没有考虑一定要取得成功。人生只有一次，然而，就在几天之前，我还曾经认真地想过放弃这宝贵的机会，结束自己的生命。万幸的是，最终我并没有放手。当我想象自己一旦死去时，最想做的竟然是投胎转世，重新选择做真正的自己，那么，为什么不能在这一生中放手去干一直想干的事情呢？想到这里，我豁然开朗了。

虽说如此，成为笑星意味着我要离开之前一直所在的世界，真正踏入“喜剧的世界”，换句话说就是进入“娱乐圈”。我之前与娱乐圈没有丝毫渊源，可以说，那里是真正充满未知和风险的世界。但是，对于内心深处连死都不怕的我而言，无论未来面对的是多么凶险的剧本，都没有什么可顾忌的。不管最后的结果如何，作为一名笑星活下去肯定比就此死去要好，这么想来，就没有什么值得畏惧的（实际上，根本就没有什么凶险的事情发生）。

我认为幸运的是，无论发生什么事情，我的家人和挚友都不会离我而去。对我而言，人生中绝对不希望失去的东西就是家人和朋友，因此，可以说当时的我已经到了“没有什么可失去”的境地了。与真正重视的东西相比，学历、精英人生、漂亮的履历、稳定、收入、自豪感、名誉、地位、社会圈子、头衔、被人追捧、别人的看法等这些之前一直束缚我的羁绊，已经全都变得无足轻重了。

我越是认真地思考就越觉得没有任何理由不去当一名艺人。在那段时间里，我一直在反思："之前为什么会被俗事羁绊得那么深？自己的人生为什么不能按照自己的想法来过？只要是自己想做的事，为什么要在意其他人的看法？自己明明想要成为一名笑星，如果过度在意别人的看法，最终是无法实现的。与死相比，不管最终发生什么，只要能坚持活下去就是幸福的！"当时的我只有25岁，就算挑战失败了，想要从头再来，从年龄上来看也不算为时过晚。

就这样，我终于说服自己"可以成为一名笑星"。

虽然描述起来波澜不惊，但是，这却是2009年5月中旬的深夜，我一个人在床上号啕大哭后，辗转反侧做出的决定。

第二天早上，发生了一件令人意想不到的事情。在我做出决定后，醒来看手机时，发现自己的mixi[①]收到了一条来自完全陌生的人的信息。原来是一位年轻艺人发来的，他看到了我在"江头2:50的社团"和"东京大学的社团"的表现，感到眼前一亮，才发来短信打个招呼的。虽然只是偶然的事件，但是，我却坚信这一定是上天

① Mixi是日本排名第三的网站，全球排名42，主要提供社交服务：日记、群组、站内消息、评论、相册等，是日本最大的社交网站。Mixi从2003年12月份开始开发，在2004年2月份开始上线运行。两个月后就注册了1万名用户，日访问量高达60万。在随后的一年里，用户增长到了21万名，第二年，增长到了200万名。到2007年4月份已经增长到370万注册用户，并且还在以每天1.5万人的注册量增长。这些用户中70%是活跃用户，平均每个用户每周在线时间将近三个半小时。

安排我成为一名笑星的预兆。

不久之后，我就向妈妈讲了自己的想法。结果妈妈表示了理解，并没有说“再努力坚持下吧”之类的话。当周日她和我见面吃饭，看到我由于工作紧张而过度呼吸时，就已经明白了“孩子恐怕是坚持不下去了”。她边拍着我的肩膀边安慰我说：“人生只有一次，如果有想要干的事情就应该去干，就算不能成为笑星，再去干别的什么也是来得及的。”

我还给姐姐发了封邮件，解释了一下自己的决定：“打算从麦肯锡公司辞职，去当一名笑星，如果失败了就去英语辅导班当老师。”姐姐在一家从事IT业务的外企勤勤恳恳地工作了许多年，因此，我害怕她对我有意见，认为我还没干到一年就想辞职，太不像话了。但是，出乎意料的是姐姐并没有责怪我，反而鼓励我说：“只要快乐地生活就好。能够有自己喜欢的工作是多么幸福的事情啊！完全没必要为了工作而折磨自己。如果精神出现了问题，需要很久才能恢复。现在就发现问题的苗头，及早采取措施是再好不过的了。我一定会支持你的！”在管理严格的公司摸爬滚打多年的人果然不一样啊，这令我非常感动，止不住流下了眼泪。

无论我做出什么样的选择，家人都会给予最无私的理解，永远做我的坚实后盾。这是非常难得的，也令我备受鼓舞。

“令人惋惜”的选择

“死亡离我们并不遥远，更不是与我们无关。实际上，它离我们比你想象的要近得多”。

除了由于工作压力巨大，导致我开始思考死亡，大学时代朋友的意外离世也给我很大的影响。听到这个消息后，最先浮上我脑海的并不是特殊的场景，而是我们一起在涩谷车站山手线的公寓附近散步，一起喝酒谈心的日常情景。昨天还在身边的朋友突然就去世了，我们在这个世界中不会再度碰面。世上许多事情都可以重来，唯独死亡是不可逆的。一旦死去，人生就全部结束了，根本没有办法弥补。在那之前，我从来没想过自己的人生会突然终结，而是一直在为六十年以后的未来和虚幻的前景而生活。

但是，如果我能切实感受到死亡距离生活如此之近的话，就不会像从前那样活在保守的世界中。我从初中开始寒窗苦读十余载，经过高中、大学的历练，进入了咨询公司工作。一路走来，实际上所做的都是轻松的选择，都是锦上添花的选项，没有必要做任何放弃，因此，并不需要付出多大的勇气。概括起来，就是为了美好的未来努力学习，给人生上上保险，尽可能地规避风险。

但是，所谓“为了未来”究竟是为了什么呢？虽然前方根本就没有自己真心想做的事情，但是，还是要随波逐流，沿着所谓正确的轨道一路飞驰，为了今后衣食无忧的生活而虚度时光。人们之所以做这样的选择，无非是不想过狭隘的生活，结果反而令自己远离了梦想，真是一种讽刺。

有时做决定是非常困难的，这是因为做出决定后并不一定会得到什么，反而要冒着失去过去曾经拥有的、现在正在拥有的、未来可能拥有的东西的风险。当自己决定去追求令人兴奋的梦想时，可能会放弃一些已经拥有的东西，这样一来，往往会被人报以同情、惋惜。

但是，到头来人终归难免一死。因为怕自己成为“令人惋惜”的对象，而终日劳碌，拼命扩大选择空间，直至死去那一天，也没有真正挑战自己想要做的事情，没有什么比这更傻了。

我所提到的“如果人生能重来”，是指“人生漫长。在这一辈子不想冒任何风险，宁愿充实而现实地度过。但是，如果再有一次人生，就一定要不惧任何风险，毅然决然地去尝试自己想要做的事情”。实际上，如果能选择后一种生活方式，可以近距离感受死的经历，也算没有白活一场。放弃既有的生活，踏入陌生的新世界，是令人非常恐惧的，人生中没有什么是比这更需要勇气的。

但是，正因为我曾经萌生了一次“类似人生中最恐怖经历的死亡”的想法，才开始变得更加不想去死。

有位前辈认为麦肯锡公司可以提供“积极的合法延缓期[①]”。在普通公司就职后，人生的选择就会在一定程度上变少。但是，在麦肯锡公司这样的咨询企业就职后，却可以延缓选择变少的速度（有时甚至能让选择变多）。

身处麦肯锡公司的环境之中，我做出了人生中第一次令旁人觉得“惋惜”的选择。

---

① 青年后期，自我同一性发展将出现停滞以作为进入社会的缓冲。在停滞期间，个体可以进一步探索自我、整合人格。如果缺少进行自我探索的缓冲期，个体的自我发展将遇到问题。因此，埃里克森将此时期称为“合法延缓期（moratorium）”或“心理延缓偿付期（psychological moratorium）”，并呼吁社会应该为青少年提供延缓期使之更好地发展。

人生中的纠结感

我既不是死读书的书呆子，也不是无师自通的天才。由于在初中和高中时期认真踏实学习，我最终考上了东京大学。也正是托了这个福，我人生未来发展的道路拓宽了。但是总有一种纠结的复杂心情萦绕在我心头，挥之不去，那就是“没有过真正属于自己的人生”。

诚然，进入东京大学工程系学习，在麦肯锡公司就职，都是我自己出于“想做的事情”而做出的选择。但是，这些只不过是在社会公认的“好”的框架内思考的结果。并不是我真心希望这么做，而是觉得“应该这么做”，对于当时的我而言，社会上普遍认同的“好”就是“正确的选择”。比如：“好不容易考上东京大学，将来怎么也得出人头地，要么混个一官半职，要么在大企业中赚大钱。”

在这样的环境中，我不知不觉地被灌输了社会上普遍的价值标准。真正麻烦的是，如果按照这种价值标准生活，在日本社会中会混得不错，无论是薪水报酬还是社会地位，都会高人一等。连我自己也觉得这种“精英人生”并不算差，并按照这种轨迹生活下来了。

人这一生中，往往会受到和自己一起生活的人以及周边环境的影响，有时这种影响的效果会超乎你的想象。我所就读的东京大学和工作的麦肯锡公司都属于人们常说的“赢家”范畴，在不知不觉间，我也萌生了“应该成为人生赢家”的幻想，沉迷于名牌大学和知名企业头衔带来的实惠，逐渐形成了扭曲的自豪感。

只是，这种生活方式可以满足对于权力和地位的渴求，但是，随着时间的推移，总觉得离自己想做的事情越来越远，无法体会到挑战的快感和享受成功时的喜悦。甚至于在大学毕业以后，我会经常反思：“自己真的就要这样过一辈子吗？”

我非常喜欢看花样滑冰比赛。大家在看完花样滑冰表演回家的途中，一般都会沉醉于自己偶像明星的华丽技巧之中，感到精神振奋吧？但是，我却会感到极为失落，因为我觉得向着梦想和目标不断发起挑战的选手们看起来真的星光四射，与之相比，自己却过着没有梦想和目标的生活，与咸鱼又有什么区别，未来的我究竟该向什么方向努力呢？

我真正对自己的生活方式产生质疑是在进入社会之后。当时的我求知欲很强，一有空闲时间，就想着学点儿市场营销，读点儿营销战略方面的书籍，希望好好磨炼自己的本事，积累关于商业的知识。但是，在工作真正开始忙碌之后，就根本不是那么回事了。每天都为了生存拼尽全力，根本就没有时间去学习商务知识。结果，就慢慢放弃了学习商务知识的想法，开始随波逐流，放纵自己。

在刚进入公司的2008年年底，我考虑参加MBA考试，令我下决心报名的理由是“麦肯锡公司的人都会去参加考试”，这是“通往成功的捷径”。为此，我还专门买了参考书。但是，从我内心来讲，并不是真心想读MBA的。

在冷静地浏览了一遍参考书后，我开始反思：“自己并不是真心想考MBA，在入学面试时能表现得体吗？”“在商业领域并没有目标和梦想，读了MBA后又能干什么呢？”“我一直自己骗自己，走到了今天这一步，今后我还能一直骗下去吗？”这一幕令我记忆犹新。

真正聪明的人，在发现无论怎么努力都无法接近自己的目标时，肯定会转换方向，重新确定终点。但是，我之前生活的环境，无论是大学也好还是周围的圈子也好，都是比较单纯的，并不令人厌恶，一直生活在被表扬的氛围中，经常会被鼓励“很好！”“真厉害！”，因此，根本就不具备独立改变环境的能力。甚至认为这样保持现状就很好，结果导致一叶障目，不见泰山，在碌碌无为中虚度光阴。

在这种环境中，我也逐渐对这种人生产生了质疑，开始摸索自己真正想做的事情。实际上，在由于无事可做而充满焦虑的2008年年末，我去买MBA术语集等参考资料时，还特意跑到距离办公室很近的六本木一街的书店，专门买了本自我重塑类的书籍，书的大意是“如果想改变人生轨道，就应该立即行动起来”。在工作结束后，我会一个人坐在桌子旁认真地阅读。即使现在，我偶尔也会翻翻那本书，印象最深的就是书里到处都画满了红线，还有许多折页的痕迹。由于实际环境与心中的梦想并不一致，所以我需要读自我重塑类的书籍，排解心中的症结和郁闷。

与我要好的同期同事看到后，取笑我说：“虽然很理解你的心情，但是，读这种书一点儿用处也没有。只有在麦肯锡公司努力工作才是唯一的正途。”我手里的书不断地诱导我去“做自己喜欢做的事”。然而，实际上，对于一名在社会上生存的人而言，未必需要这种不现实的决定。无论是谁，都无法避免在现实和内心的妥协之中艰难地谋求生存发展。可以说，这本书给出的是彻底颠覆公司员工人生秩序的建议。

尽管如此，这本书还是成为了我当时必要的精神支柱。不断欺骗自己的我逐渐接近了能够承受的底线。虽然成为一名笑星的机会看似是由麦肯锡公司偶然带来的，但是，实际上这种想法早已在我的内心中植根，无论我在哪里工作，成为笑星或许都只是时间问题。

继续工作的三个条件

虽然我决定“成为一名笑星”，但是，之后还需要跨越许多心理障碍，这是一个极为艰难的过程。在接受了“可以成为一名笑星”之后，就是说服自己“可以辞去麦肯锡公司的工作”。看起来容易做起来难，这个过程非常令人纠结。

在脱离项目组开始作为后备队员开展工作的日子里，我突然领悟到了“继续工作的三个条件”。只要还满足其中任何一条，我都应该继续在麦肯锡公司工作下去：

一是是否喜欢；

二是是否比别人更擅长；

三是是否有发展目标。

接下来，我们逐条进行比对验证。

首先是“是否喜欢”，换句话说，暗含着“如果给你低薪，是否还愿意出于兴趣继续干下去”的意味。对此，我给出的答案简洁明了，就是“NO”。我并不是从来都不觉得咨询行业有乐趣，但是，当我亲身接触到真正喜欢这项工作的多名员工后，不管大家如何劝我“现在做决定还为时尚早”，都无法改变我坚持选择“NO”的决心。

其次是“是否比别人更擅长”。比如：虽然你或许不是那么喜欢这个工作，但是，由于你比别人更擅长，可以花更少的精力和时间得到相同的报酬。这涉及到工作费效比是否高的问题。在这一点上，我的回答当然也是“NO”。在一个比自己优秀的同事扎堆聚集的公司中工作，如果想要依靠咨询业务出人头地，就需要超乎寻常的热情和干劲，但是，对于当时已经被工作消耗殆尽的我而言，要求达到这种状态显然是不现实的。如果对比一下周围“适合做顾问的人”，那么，说到底我始终都不是一个能成为“UP or OUT（要么晋升，要么淘汰）”中“UP（晋升）”的人，更不可能在咨询业务领域登上巅峰。虽然我一直坚持努力，但确实活在纠结与挣扎之中。

在麦肯锡公司中，英语是日常的商务用语，必须熟练掌握。公司内比我英语好的人不胜枚举。虽然托业考试无法准确地测试一个人全部的英语能力，但是，这么多能考满分的人聚在一起，还是很说明问题的。在这里，甚至连大学时期我一直引以为傲的英语也成了我的短板。

最后是“是否有发展目标”。也就是拼命忍耐、努力工作后，是否有发展前途的问题。进入公司后，必须经历许多辛劳。如果这有利于将来实现自己的目标，就应该一直坚持下去。如果不是这样，努力奋斗后等待自己的不是幸福的话，就应该果断地辞职，一味地忍耐只是浪费时间，没有任何意义。当然，在这一方面，我的答案也是“NO”。

如上所述，我以“在麦肯锡公司继续工作下去的理由”为中心对自己所处的状况进行了梳理，结果发现已经没有任何理由值得继续下去了。

不能接受碌碌无为的麦肯锡公司

除此以外，我还有想要辞职的理由。那就是深切地感受到自己的头脑和精神都无法忍受麦肯锡公司的压力，这令我感到非常沮丧。

进入东京大学，考取研究生，读研期间有在亚洲开发银行工作等多次海外实习经验，可以说一路走来顺风顺水，并没有经历什么困境挫折，这也令我陷入了一种错觉，觉得自己干出了许多成绩。但是，转过头来一想，在大学期间，只要每天认真上课学习，课后提交报告，充分为考试做准备，就可以取得理想的成绩。我的优点就是认真勤奋，因此，通过保持全勤上课和努力学习，我取得了突出的成绩。也正是因为成绩优异，我仅通过面试就顺利地升入研究生院继续深造。读研期间，我又在位于菲律宾的亚洲开发银行实习了半年时间，由于是交换生项目，预先做好了相关准备，因此，进展自然非常顺利。

这样看来，我之前取得的各种成绩大都占了天时和地利优势，是好运和周边环境给予恩赐的结果。虽然在这些经历中，运气占了很大比例，但是我却误以为这全是自己努力争取的结果，导致自己陷入了过分自信的窘境，片面认为只要尽全力，就没有什么事是办不成的。当然，有一定程度的自信并不是什么坏事，但过分自信却会影响自己对挫折和压力的适应能力，往往容易被困难打倒，这就得不偿失了。

从好的方面看，这些情况能够在一定程度上反映出我在学生时代一丝不苟的努力，而一旦进入了麦肯锡公司，这种努力反而成了制约我发展的因素。在麦肯锡公司中，评估一个人的标准就是结果。这就导致作为我唯一优点的“认真勤奋”变得一钱不值了。如果我能有努力拼搏的目标还好，但是，在这条人生道路上，我已经没有任何奋斗的动力和梦想了。

此外，麦肯锡是一家需要员工一直付出真心的公司，时刻都会拷问员工的初心在哪里。这就要求员工必须提升自己的站位，将工作的目标从“为了谋生”提升为“为了兴趣”“为了实现梦想而不断成长进步”等，如果缺少了这些动力，就无法在工作岗位上扮演好自己的角色。正如我的一位前辈所言，“麦肯锡公司是一家大家就算自己花钱都要抢着去工作的企业”，如果你只是抱着普通的工作热情和进取心是根本熬不下去的，必然会在竞争中掉队。深处如此严峻的环境之中，我经常被拷问是否对工作付出了真心，不管是否出于本意，我都不得不开始考虑：“自己真正想干的到底是什么？”

最后，给我打击最大的一点就是麦肯锡公司并不是一家终身雇佣制企业。大部分员工都是干到三年左右就离职，我当时进入公司时也曾想过“一定要努力干满三年”。但是，随着锐气的消退，我逐渐变得得过且过了，甚至认为“反正同期的人都会慢慢离职”。

如果就职的是终身雇佣制企业，我可能就不会选择辞职了，因为从实际意义来看，放弃退休后的身份保障和收入是非常可惜的。(虽然大家可能觉得你不是总说“不能做自己想做的事情的人生是令人惋惜的”吗？为什么现在又改变说法了呢？这不是自相矛盾吗？但事实还是这样的。)因此，每当我听到有人从实行终身雇佣制的大型日企辞职，就会佩服他们毅然决然放弃保障的决心和勇气。

从这个意义上来看，从决定入职麦肯锡公司的那一瞬间开始，就意味着我选择了承担放弃 “安稳度日”这一“免死金牌”后的风险。同时也意味着我得到了一个“主宰自己人生”的绝佳机会，也就是说，在麦肯锡公司学到的本领可以运用到未来的工作中，驱动自己追求梦想。

打破现实的速断、速决、速动能力

刚才，我讲了自己已经决定成为一名笑星，并且心中凑齐了从麦肯锡公司辞职的理由。虽说如此，我还是持续地处于怀疑状态，无法说服自己立即相信颠覆人生既有认知的看似谎言的决定。这令我深切地体会到，从人生既有轨道转向是多么困难的一件事。

我劝自己“就这么决定吧！”往往是在晚上睡觉之前。但是，早晨醒来到公司上班后，又会像平时一样，深切感受到自己身处办公室这一异常真实的现实世界中，从而非常轻易地打消了内心冲动的念头。

“现实”这个最大的难关即所谓的“终极反派[①]”一次又一次地动摇着我已下定的决心。我头脑清醒地认识到：“既然已经决定成

---

① “终极反派”是典型的游戏用语，一般指较为巨大有力且难缠的敌方对手，且通常出现在关底，而不像小怪和杂兵可以在游戏中重复登场。

为一名艺人，再在麦肯锡公司干下去是没有任何意义的。”但是，突然冷静下来后，却又开始动摇，想：“我究竟是在想什么蠢事啊！如果真这么做的话，既有的人生秩序就会完全崩塌啊！难道这不是在白日做梦吗？”结果令自己在梦想和现实之间徘徊犹豫，无法下定决心……这个过程对我而言真的是一种苦不堪言的折磨。俗话说“千金难买一回勇”，这是我人生之中第一次深切地体会到勇气这种莫名其妙的心理力量的不可或缺的作用。

此时，我已经向包括麦肯锡公司同事在内的关系亲密的朋友，表明了自己想成为一名艺人的想法。结果他们乍一听都以为我在开玩笑，但却没有一个人对此表示反对，大家都觉得很有意思，甚至还有支持我尽快行动的。

在这里有一点必须提一下，那就是我之所以能下定决心，多亏了同期同事的一句话。这位同事是一名获得了博士学位的高材生，性格非常冷静沉着，有一天，我们一起去办公室附近吃饭，我对他讲了自己想要成为笑星的梦想，说：“实际上我有比现在的工作更想做的事，但是，考虑到太不现实，怕自己做不来……”结果，他不动声色地回答说：“从现在开始，只要认真去做，没有什么是做不成的。”接着，他开导我说：“除了从小开始接受专业训练的运动员以外，医生和律师之类的职业完全可以后天从零学起，社会上这样成功转行的例子不胜枚举。”

听完这番话，我恍然大悟。这是地地道道的麦肯锡公司式的分析推理结果。令我陷入“不行，干不了”之类思维桎梏的并不是别的，就是自己先入为主的执念。如果客观来看，从麦肯锡公司辞职成为一名笑星并没有什么物理难度。他这么简单轻松地指出了问题的实质，令好像深受无解难题困扰而到处倾诉的我感到非常羞愧。

但是，我还是坚持认为想要成为卖座的笑星比晋升麦肯锡公司董事（最高职位）更难。虽然不是完全不可能，但是，在喜剧界通往成功的道路绝不会一帆风顺。

在这期间，我依旧作为后备队员支援项目，我认为在当今时代，想要成为一名笑星，必须从进入笑星培训班开始，于是，我利用每天的工作间隙，在麦肯锡公司的办公室内通过网络检索笑星培训班的相关信息，并开始搜集资料。当时正好是5月，有一点非常麻烦，那就是大部分培训班都是在春季开始集训的。我打电话过去咨询，都回复必须等到翌年4月份才能入学。我想立即开始新的生活，无论如何也等不了一年了，为此感到非常焦虑烦躁。在这期间，由于还没决定下一步的具体计划，所以我并没有直接向公司提出辞职。

到了6月中旬，我迎来了每半年一次的考评。考评结果是“下次如果还是这样就要被淘汰了”，非常不理想。在看到考评结果后，我的第一反应是“没什么大不了的”，如果换作以前的我，肯定会下决心调整，一定要重新赢得对自己的积极评价。但是，突然改变人生态度、变得强硬起来的我反而被心情所左右，觉得我那么努力地工作，却没有得到回报，这里真不是一个适合发展的好环境。产生了不合逻辑的荒谬想法。后来，考评组告诉我在下一个项目结束之后，还会对我进行考评，听到这个消息后，我整个人突然变得愤怒起来，觉得再也无法忍受了，这一瞬间，我就像脑中一根拉紧的线突然绷断了，真正下定了决心提出辞职。

但是，就算考评组认为我在团队中并未发挥作用，还是没有一次就将我开除，而是给了我继续争取的机会。现在看来，麦肯锡公司在鼓励彻底挑战的同时，对失败也相对宽容，在一定程度上给予了员工重新证明自己的机会。

后来，我听说许多前辈都曾经得过差评，但他们没有放弃，而是坚持努力，最终留在了公司并一直干了下去。如果是现在的话，我完全能够理解。但是，当时的我没有经历过挫折失败，抗压能力非常差，在不知不觉之间，逐渐变成了骄傲自大的人。

第二天，我立即去找师父汇报了自己想要辞职的打算。时至今日，我仍清晰地记得那天不知为何用了充满诗意的语言表明了自己的心意：“燃烧在我心中的热火突然熄灭了，失去了工作的动力和方向。”

我的师父就是《从任务开始做起》的作者并木裕太。

并木先生非常关照我，一直将我当作亲人一样。在这种尴尬的情况下，还是以自己的亲身经历为例，建议我“再干一个项目试试看”。这样一来，即使最后辞职也不会被认为是由于失败而被迫离开的。至少可以再体验一次成功的经历，对自己今后的人生是大有裨益的。更何况如果干得好的话，“想法可能会发生一定的转变呢？”，可以说，他的建议是合情合理的。

但是，在考虑了几天之后，我还是没有改变自己的想法。从我的角度来看，好不容易才下定决心并付诸实践，如果这个时候再改变主意，反而会令自己陷入困境。

实际上，当时我还不能向并木先生坦露自己今后准备干什么，因此，他的脑海中可能会浮现一个大大的“？”，觉得为什么要那么着急呢？

在那些日子里，我想到的正是基于问题的假设思维。对于我这样一个充满矛盾的人而言，总是在纠结“我的人生就要这么度过吗？”，真正的问题就是“做什么才能令自己的人生真正无悔”。作为答案，无疑存在一个极强的假设，那就是“挑战自己一直梦想成为的笑星”。既然决定了挑战成为一名笑星，今后不再涉足商业领域，那么就没有任何必要继续在麦肯锡公司工作下去了。既然我早已明白“不知道人生什么时候会终结”的道理，那么就没有必要再参与一个项目浪费大好时光了。令人感到讽刺的是，教会我“一旦假设成立，就应该毫不犹豫地立即行动”这一行为方式的恰恰就是麦肯锡公司。

如果我发现假设是错误的，那么只需要替换掉就可以了。为了检验假设是否正确，我决定报名参加笑星培训班，如果发现最终还是错了，那么只要能够及时回头就没有任何问题，因此，我觉得自己应该不再犹豫，坚决地采取行动。

我总是觉得，如果错过了现在这个心理波动期，就会再次丧失勇气，觉得“自己究竟在想些什么蠢事啊”，从而错失从公司辞职的机会，被拉回到现实世界中。因此，我觉得如果现在不行动，今后恐怕就再也不会行动了，为了断绝自己的后路，尽管还没想好自己今后具体要干些什么，我还是毅然决然地决定从公司辞职。可以说，这一刻是我运用在麦肯锡公司学到的“假设思维”和“速断、速决、速动”准则，战胜“现实”这一强敌的胜利瞬间。

所谓的“做决定”是简单的，又是煎熬的

说起来好像认死理似的，实际上，我坚持认为如果不早从风暴漩涡中解脱出来，就会陷入尴尬局面，于是就夹起尾巴赶紧逃跑，在对喜剧世界一无所知的情况下，拍着脑门做了一个令人惊讶的决定。在做这个决定时，我完全背离了在咨询行业工作时养成的极为慎重的习惯，根本不管什么问题拆分、确定优先顺序和分析验证等流程。如果我说这个决定是运用在麦肯锡公司学到的问题解决方法做出的，恐怕会被人奚落，但是，真正驱使我做出决定的，恰恰是在麦肯锡公司被灌输的思维习惯和行动模式。

“从麦肯锡公司辞职成为一名艺人”这一行为本身是非常简单的。只要向公司提交辞呈，并进入笑星培训班学习就可以了。

但是实现这一想法却需要极大的勇气和能量，可以说是此前人生中未曾遇到过的考验。在做出决定之前，我在精神层面经历了残酷考验，陷入了痛苦的挣扎和纠结之中。因为做出这个决定，意味着要彻底摒弃此前大半生经历构建起的对于世界秩序的认识。现

在想起来，自己在精神上真正融入并习惯喜剧世界这一全新人生，也就是说在身体和精神上都彻底适应新生活要求，花了整整三年时间。光从这一点，就可以看出当时做出这个决定我所背负的压力有多大。

此外，“从麦肯锡员工到艺人”，光是听起来，就令人觉得我是一个标新立异的人，经常会做出一些出人意料的事。但是，如果您从书开头读起，到现在应该非常了解我并不是那样的人，恰恰相反，我本身是一个非常固执保守的人，事事都讲规矩、原则，不允许自己偏离“正常”轨道。可以说，我不是一时头脑发热，轻易做出涉足娱乐圈的决定的。

从麦肯锡公司员工到笑星

能够采取具体行动，踏出“从公司辞职”的关键一步，是非常值得庆幸的。但是，当时的我对于向喜剧界转行的关键却一点头绪也没有，从而陷入了深深的焦虑不安之中。我整天都在纠结：“怎么都要等到明年春季，真是难熬啊……”恰好6月下旬我得到了一个消息，渡边娱乐事务所创办的渡边喜剧学院将在秋季开设笑星培训班课程。于是，我觉得这就是我的天赐良机！仿佛抓到了救命稻草，我立即与招生机构取得了联系，决定参加以非专业人士为培训对象的课程面试。

在这期间，也有麦肯锡公司中关系要好的朋友和一直关照我的同事担心我的前途，纷纷打电话或约我聊天，问我：“是否去求职应聘了？今后打算在哪个行业发展？”从常理来讲，即使从麦肯锡公司辞职，接下来我也应该找个与这个行业关系比较密切的领域就业。这一点令我很尴尬，总觉得做笑星这件事是难以向他们启齿的。结果只能违心地骗他们说：“嗯，嗯，将来可能从事与贸易相关的工作……”因为我觉得说贸易公司之类的职业会给人一种比较容易接受的感觉，可以避免尴尬，算是善意的谎言。虽然我也会对关系极为亲密的同事透露自己想做艺人的想法，但是，这种选择与麦肯锡公司的理念完全背离，因此，我不能也没有勇气对领导们直说，只能始终保持沉默。麦肯锡公司是一家非常关心员工的企业，就算是我主动提出辞职的，他们也始终觉得心存歉意，对我格外关心。这令我更为纠结，不知多少次想对他们说：“请您不要再管我的事了，就让我放任自流吧！”

刚好那时，在6月26日早晨，新闻爆出了迈克尔·杰克逊去世的消息。在上班的路上，我陷入了深深的思考之中，觉得虽然迈克尔死去了，但并未对世界造成什么影响，太阳照常升起，地球依旧转动，真是太不可思议了！

迈克尔离开了我们，但是我们的日常生活并未因此受到任何影响，一切看起来都那么平淡，似乎什么也没有发生。更何况像我这样一个不知名的草根，只是想成为一名艺人，又算得上什么大事呢？可以说，一个将我折磨得痛苦不堪的决定，充其量只不过会给自己带来一些困扰罢了，根本不会对这个世界造成任何影响。这么一想，我辞职的决心就更坚定了。

此外，迈克尔曾经说过：“我为成为一名艺人而自豪（I am proud to be an entertainer）。”我也和迈克尔一样，将“成为艺人”

作为自己的理想，哪怕只是踏进娱乐圈一步，也感到无比兴奋，仿佛迈克尔一直在我身后鼓励、支持我一样。

似乎冥冥中早有定数，7月4日，在26岁生日时，我前往位于中目黑的渡边喜剧学院接受了以非专业人士为对象的培训课程面试。我是一个喜欢远足的人，在此之前，一直筹划着只身前往丹麦以北的北极圈或菲律宾的尾气检测场等世界上的荒凉偏远之地，体验一个人的生活。但是，从中目黑车站到马路对面的距离却令我望而却步，仿佛比世界上任何地方都要远。对方事先和我打过招呼，面试当中就算没有很成熟的段子也不要紧，只要能表达出一些想法就可以了。因此，我选择模仿在KTV经常唱的冰室京介[①]的作品，并跳了公司年会上表演过的《颤栗》，可以说是拼上了全力奋力一搏。

当天晚上，全家为我办了一场生日聚会。结果，不知道是因为之前一系列琐事导致的疲惫，还是成功经受了各种考验后的踏实感抑或是成就感所致，我竟然喝得酩酊大醉，泣不成声。

---

① 冰室京介，日本摇滚乐歌手，1960年10月7日生于群马县高崎市。1981年组成摇滚乐团BOØWY。1988年乐队解散后以个人歌手身份活动。其作品*Safe And Sound*和*Calling*曾成为电影《最终幻想7：圣子降临》的主题曲。

成功跨越考验——离职之日

到了这个阶段，我想成为笑星已经成了公开的秘密，麦肯锡公司的同事也都表示理解和支持。但是，我却坚持认为离职之前，无论如何也不能向大家公开这种在一定程度上看似荒唐的决定。我心里总在念叨：“请不要再找我了，我再也不会回到这个公司了，今后将在一个完全与这儿没有关系的全新世界中生活……”甚至想在大家不知不觉间悄悄逃离。除了部分关系亲密的同事以外，完全不想对其他同事透露自己离职后的打算。

在最终离职那天，我带上了渡边喜剧学院的录取通知书，准备向一直给我热情帮助的并木先生认真汇报一下自己下阶段的计划。当我终于下定决心不顾一切地向他讲出自己将向喜剧世界进军的想法后，他竟然毫不在意地说：“这不是很好吗？”之前，我一直在猜测他听到消息后的反应，不知道是会感到惊讶？还是会觉得可笑荒唐？却完全没想到他会这么平淡地接受。当我说起自己想对其他同事保密时，他觉得：“为什么不和他们说一下呢？我觉得没什么问题啊！”

不久之后，我在公司的休息区碰见了一位合作过的同事。由于之前我已经在公司公布了自己打算辞职的消息，他便凑过来小心翼翼地问我：“你辞职之后打算干什么呢？”此时的我已经彻底释怀了，干脆地回答他：“想要成为一名笑星。”在听到我的回答后，他原本由于担心而异常严肃的表情突然变得放松起来，说道：“我也非常喜欢喜剧。”还与我约定将在周末去剧场看我的表演，并滔滔不绝地讲了起来。他的反应完全出乎了我的意料，在这种情况下，他居然还能理性地给我成体系的建议，对我说：“在喜剧市场，要从3C的角度考虑问题，即‘市场和客户（customer）、竞争（competitor）、公司利益（company）’。”不愧是麦肯锡公司的合作伙伴啊！下面，我将接着讲最终离职日的事情。

就这样，我终于成功跨越了“决定从麦肯锡公司辞职成为一名笑星”的考验。

在此，我将向各位读者朋友们展示一封最终离职日之前给同期同事发的邮件，大家可以从邮件中看到我当时的真实想法。

亲爱的同期挚友们：

敬请盛暑大安！

（中略）

正如大家所知（？），辞职后，为了实现我多年以来的愿望，我将做出某种出人意料的选择（希望大家能替我保密）。关于辞职的理由，我丝毫没有找华丽辞藻作为借口的想法，比如“世界那么大，我想去看看”或者“想去追寻自己的梦想”等。关于从公司辞职的方式，一般会有“主动”和“被动”两种。就我的情况而言，是两种兼而有之。现在的我恰好同时具备了这两种因素，因此，也借这个时机决定向人生的下一个阶段发起挑战。

（中略）

今后，在工作上，我可能会进入与诸位没有任何交集的行业。对于我而言，这个选择充满了未知性，充满了冲动，充满了风险变数（可能向好的方向发展，也可能向坏的方向发展）。在当前阶段，我是一个处于多种复杂状态的矛盾体，既有跃跃欲试、充满自信的自己，又有冷静分析客观形势的自己，又有充满不安的自己。每个人对未来都既有期待又有担忧，无论是谁都不能例外，这是非常正常的。不管怎样，未来我都将在属于自己的领域积极拼搏、奋勇争先，不断取得进步，以期坦然面对大家，不负众望。

（中略）

在此，我由衷祝愿诸位同仁工作顺利、生活幸福！

对大家一直以来的关心和帮助致以最真挚的谢意！

石井辉美

2009年8月4日

将我推向挑战的因素

我最尊敬的母亲曾经说过:“人生只有一次，如果自己有喜欢的事情而不去尝试的话，是非常遗憾的。尝试过后就算失败了也不要紧，大不了就算多了一份人生经历而已，最重要的就是去尝试。”我的母亲出生在冈山县，在高中游学旅行之前从来没有遇见过外国人。但是，考上大学后，她就凭着自己想学英语的一股闯劲儿，只身一人前往美国留学。现在这个年代留学是非常普通的一件事，然而在当时看来却是相当大胆的决定。之后，她一直保持着对英语的浓厚兴趣，并从事了与英语相关的工作。我之所以喜欢冒险和英语，都是因为母亲的遗传基因。顺便提一句，我从父亲那里遗传了喝酒的爱好和开朗的性格。

我真正体会到“只要努力就能成功”是从中学时代开始的。恐怕与普通的东京大学学生不同，我小时候并不是一名学霸。在读到小学高年级之后，我遵从父母的意愿，开始进入私立学校读书。我是一个意志和自主性都不强的孩子，遇到不会的问题也不会主动去学习解决，往往就放在那儿不管了。由于不爱学习，在小学六年级的时候，大部分科目成绩都在下滑。但是，我对此却完全不着急，就算考试临近，也只会在家窝在被子里睡大觉，根本不会去复习、准备。当时，我和父母都没有充分理解“不学习就不能上自己理想的学校”这一再自然不过的规则，明明知道根本没有任何被录取的机会，还在当年2月1日报了日本首都圈内最难考的女子学校——樱荫中学。结果除了离我们家单程两个小时的千叶私立中学以外，其他学校都没有录取我。在后来的补录中，我又被白百合学园中学录取。

2月2日，在白百合学园中学考完试后，我和母亲一起顺便去看了看樱荫中学的录取通知榜。不出所料，并没有看到自己的考号和名字，由于之前没有付出相应的努力，看到结果后倒也没有受到多大的打击。

然而，在乘车与母亲回家途中，我偷偷看了看邻座母亲的脸颊，发现她竟然流下了一道泪痕。后来提起这件事，母亲总是否认说：“我是不可能为这种事流泪的。”但是，我当时确实亲眼看到了母亲在哭泣。这是我生平第一次看见大人流泪，内心仿佛被雷劈到了一样，感受到了极大的震撼和冲击，觉得自己做了一件这么坏的事，实在对不起妈妈……在那一瞬间，我开始真正地醒悟了。

进入中学后，我整个人彻底变了，在没有任何人管教的情况下，转变成了“认真努力的孩子”。上课付出120%的精力认真听讲，工整地记笔记，考试前充分复习。虽然平时在家只是按照要求做作业，但到了考试之前，也会像其他同学一样，复习到深夜，确保学懂、弄通了所有的内容才去休息。我特别喜欢英语，每次考试时都能全文背诵课本中的文章。也能不厌其烦地修改课堂报告，直至自己满意才去睡觉，逐渐变成了一个完美主义者。我的脑子并不算聪明，也正是从这个阶段开始，我逐渐变成了孜孜不倦的勤奋好学型学生。由于学习认真刻苦，自然开始取得了一些成绩。

在中学第一次期中考试中，我考了同年级仅有的两个英语满分，这令我欢欣雀跃，时至今日，那种成就感仍记忆犹新。也就是从那个时候开始，我逐渐将“只要努力就一定能创造出成绩”作为自己的座右铭。

我在白百合学园中学读了六年中学，期间一直全力以赴认真学习，还得到了许多朋友的热情帮助。特别是高中三年，我与同学们打成一片，同甘苦，共欢笑，度过了开心快乐的幸福时光。虽然在小升初的考试中受到挫折打击，但没想到初中和高中会享受到如此幸福的学生生活，真可谓是“塞翁失马，焉知非福”。

拂去“考试挫折”的阴影奔向东京大学

我决定参加东京大学考试是在高三那年6月时的事。我在家里三姐妹中排行老二，也是唯一一个初中和高中都读私立学校的，因此，母亲要求我大学一定要考公立学校。对于数学成绩较差的我而言，一桥大学①的数学考试太难了，因此，我决定报考东京大学。鉴于有中学考试失败的阴影，最开始时我也对自己半信半疑。但是，从模拟考试的成绩来看，考东京大学也不算勉强，还有一些余力，就这样，我逐渐变得自信起来，觉得只要认真努力，应该可以被录取，并开始埋头苦读。

---

① 一桥大学（英文名：Hitotsubashi University，日文名：**ひとつばしだいがく**），简称“一桥”，坐落于日本东京都国立市，是一所享誉世界的顶尖研究型国立大学，被誉为“亚洲的哈佛”。一桥大学本科仅开设四个专业（经济学、法学、商学、社会学），是日本唯一一所专攻人文社会科学的小规模精英大学，它是日本顶尖国立大学集团“旧帝一工神”的一员，其性质与伦敦政治经济学院相近。如今，一桥大学是公认的日本优秀的商科学府。其在法学、国际关系、社会学、语言学等人文社科领域的实力亦是公认的日本前三。

我基本都是在家里自学，但是在无法集中精神时，也会去附近的图书馆和私立学校的自习室学习。在学校中，我结交了一些志同道合，可以相互鼓励、共同进步的朋友。这令我受益匪浅，为我营造了轻松快乐的考前氛围，确保我能够专心致志地学习。对此，我深刻体会到了环境对于成功的重要性。

虽然我一直坚持努力学习，但也没错过应该放松的机会，高三那年暑假，我给自己放了一天假，允许自己尽情地放松。作为access组合[①]的忠实粉丝，我去看了贵水博之主演的音乐剧。

高三学生一般都不会参加学校秋季的学园祭[②]活动，但是，我们这一批同学却全力投身到节目表演之中，我也与朋友们一同在舞台上跳了一支舞蹈。在从事体育运动或进行音乐表演时，我能够暂时忘掉学习的压力，由于已经面临毕业，这是我们最后一次在高中校园活动中亮相，大家都全情投入，尽情享受。

---

① access是由浅仓大介和贵水博之组成的日本流行音乐二人组。团名的意思是“想接触音乐爱好者们的心情”并且结合了计算机用语。该组合1992年出道，1995年停止活动。七年后的2002年再次开始了活动。并由浅仓大介用计算机或合成器进行和音，再加上贵水博之的高音，结合产生了恬美的音乐性特征。粉丝们都称他们的音乐为“SYNC-BEAT”。

② 学园祭类似于中国的校园文化节，可以邀请其他学校的人来参观。不同学校的学园祭内容、形式各有不同，一般是各个班级或社团展示自己，学生独立意识较强，可以按自己的兴趣多人组团，但如果不受欢迎的话就会有被取缔的危险。

剩下的时间里，我一直坚持一个信念，那就是“只要努力，我就可以实现梦想”。我充分利用每一分钟时间，甚至在步行或骑自行车的时候，也不忘背诵记在手心上的术语，或者在脑海中解解不擅长的数学题。

在东京大学正式的英语考试之前，我鼓励自己说：“在这个考场里，没有人比我的英语学得更好了！”考试过程中，我的鼻子突然流血不止，结果血渍染了答题卡，被视为污染答案，单独进行处理。还好有惊无险，我最终顺利通过了东京大学和报考的所有私立大学文学系的考试。

走与众不同的人生道路的勇气

我有生以来第一次做与众不同的决定是在大学时代，那就是从文科转系到理工科。东京大学的学生入学第一年和第二年都要在教养学部学习，第三年升级时才会决定自己的专业。我本来想考进教养学部国际关系学专业，因此，报了东京大学文科三类的考试。现在看来可能难以置信，当时的我在进入大学不久后，就想着将来去外务省工作。

但是，在各专业的说明会中，我对国际关系学专业的氛围并不感兴趣，正当我不知道该怎么选择时，偶然间看到了理工系社会基础学科国际项目课程的介绍。所谓“社会基础学科”就是改名之前的土木工程专业。

所谓“国际项目课程”是指：为支援东南亚等地区的发展中国家建设，培养道路、桥梁等基础设施项目和开发援助领域的工程师，并促进其在国际上发挥作用的课程。恰好在我入学那一年，正式设在学科专业之下。在面向学生的宣传手册中，使用了东京大学中另类的充满蛊惑性的宣传语，即："能够闻名世界的不仅有滨崎步，还有我们！"

对此，我的直观感受就是"文科出身也不要紧""在国外进行调查研究的机会非常多"，由于我非常喜欢出国旅游，所以非常想到国外进行实地考察学习，就这样，我毫不犹豫地选择了这一全新的专业课程，我也成了这个专业的首届学生（时至今日，令我感到非常欣慰的是，这个专业已经成为了东京大学内最受欢迎的课程之一）。

我要与以理科生身份考入东京大学的纯理科生一起学习，因此，经常会被人嘲笑"可能会跟不上课程"。但是正因为如此，激起了我的求知欲，不管什么课程什么内容，我都努力地去学习、去尝试，并且全勤出席每一门课程。期间，我认真准备每一场考试，认真提交每一份报告，这种近乎于偏执的努力最终反映在了成绩上，我获得了免试读研的机会。

土木工程的学习内容非常有趣，老师和同学都很友善，这令我有幸度过了快乐充实的大学生活。时至今日，我仍旧感谢命运帮我选择了正确的学校和专业。

这是我人生第一次感到选择与别人不同的道路的刺激和快乐。

当然，也有人非常怕与众不同。我从孩提时代开始，就与其他孩子不大相同，与朋友做相同的事情时，总会被老师批评，看起来总是被欺负。因此，不管好坏，我心中深深地烙上了“我与其他人不同”的印记。我想我非但不害怕与人不同，还非常想要选择特立独行的道路，可能就是因为这个原因。

如果行动就可能改变未来

我从学生时代开始，就坚信“只要行动就一定会有好运！”。之所以会有这种想法，要从中学时代的追星活动开始说起。当时的我是杰尼斯事务所旗下组合岚的成员二宫和也[①]的粉丝，而我的好友则是美国著名乐队汉森乐队[②]的忠实粉丝。虽然没有达到每天都跟踪偶像动态的程度，但是，一旦发现有和本人见面的机会，就会疯狂地前往追星。

当然，他们都是娱乐圈的偶像，离我的现实生活很远，平时根

---

① 二宫和也（Ninomiya Kazunari），1983年6月17日出生于东京，日本演员、歌手、艺人，杰尼斯事务所旗下组合岚的成员。

② 汉森乐队又名“韩氏兄弟”，成立于1997年，由Isaac，Taylor，Zac三兄弟组成，其中Isaac是吉他手，主唱及键盘手为Taylor，Zac是鼓手。他们生长于美国俄克拉何马州的塔尔萨市，自小便经常在自家演唱二十世纪五六十年代的摇滚歌曲、旧式蓝调或福音歌曲，为他们的家庭聚会提供最珍贵的助兴节目，也为他们奠定往后决心朝向音乐发展的基石。汉森乐队于1992年进入歌坛，首张专辑《迷失方向》在美国卖了650万份，拿下了三项格莱美奖。

本就见不到一面。虽然可能会失望，但是，如果不去尝试寻找见面的机会，真的就完全没有可能见到自己的偶像。因此，即使只有1%的希望，我都愿意去尝试行动起来。结果，我竟然意外地遇见了偶像。在这个年龄，体会这种成功的喜悦是一件非常可怕的事，会令我产生一种“只要努力就一定能实现梦想”的心理暗示。

此外，还有一段回忆令我终身难忘，那就是我大四快毕业时前往意大利观看2006年都灵冬奥会的经历。当年，荒川静香[①]凭借后仰式伊娜·鲍尔步（Ina Bauer）[②]夺得了金牌。对于我这个花样滑冰迷而言，冬奥会是一项具有特殊意义的大型赛事。

我非常喜欢卡特琳娜·维特[③]在1988年卡尔加里冬奥会上的夺

---

① 荒川静香（原日文名**あらかわ しずか**），生于1981年12月，日本著名花样滑冰运动员，被称为“冰上精灵”。五岁的时候，荒川静香进入滑冰学校，当时她的目的很简单，就是能够穿着漂亮的外衣表演。但很快，她就对滑冰产生浓厚的兴趣，并且将自己所有的空余时间都献给了滑冰训练，最终她在2004年世界花样滑冰锦标赛上成为亚洲第四位女子单人滑世界冠军，在2006年冬季奥林匹克运动会上成为亚洲第一位花样滑冰奥运会冠军。

② Ina Bauer是个花滑术语，又称“鲍步”，是以原西德著名花样滑冰运动员伊娜·鲍尔命名的，与大一字步类似，区别在于鲍步单膝弯曲，并通常有下腰动作。

③ 卡特琳娜·维特（Katarina Witt，1965年11月3日—），德国著名花样滑冰运动员。她的运动生涯往往被总结为“2，4，6，8”，即两届奥林匹克运动会花样滑冰比赛冠军（1984年和1988年），4届世界花样滑冰锦标赛冠军（1984年、1985年、1987年和1988年），6届欧洲花样滑冰锦标赛冠军（1983年到1988年），8届德意志民主共和国花样滑冰锦标赛冠军（1981年到1988年）。因为比赛成绩极为优异，她被认为是有史以来最杰出的花样滑冰运动员之一。

冠表演——雄浑有力的《卡门》，在看到电视画面上的观众时，我多么希望自己也能在现场见证这经典的历史时刻啊！2006年奥运会开幕之前，我正好刚刚完成毕业论文。最开始时，我并没有千里迢迢到意大利观赛的想法，但是，后来一想到今后的人生之中恐怕不会再有冬奥会期间恰好有假的机会了，便改变了主意。

在咨询了旅行社之后，得到的信息是包括女子自由滑门票在内的旅游套餐价格是40万日元，可以说，价格高得离谱。如果单独购买女子自由滑门票，则只需要10万日元。后来，我自己买了最便宜的机票，并在米兰定了青年旅社，最终将整个观赛费用控制在了20万日元以内。

能够到现场观看奥运会比赛本身已经很幸运了，又恰好赶上了荒川静香夺取金牌的历史性时刻。大家权当听个玩笑，在她完成跳跃动作和后仰式伊娜·鲍尔步的瞬间，我竟情不自禁地站起身来大声欢呼。比赛之后，我在赛场外遇到了荒川静香的父母，有幸与他们进行了交流，并与安藤美姬[①]一起合影留念，度过了一段对于粉丝而言幸福无比的美好时光。后来，每次回看那届奥运会的录像，

① 安藤美姬(Miki Ando)，日本花样滑冰运动员。从9岁时开始学习花样滑冰，两年后，就能够完成三周跳。2002年12月，在挪威哈马尔举行的花样滑冰女子青少年大奖赛总决赛上，未满15岁的安藤美姬在自由滑当中成功地完成了萨霍夫四周跳，成为历史上第一个在国际滑联国际赛事中成功完成此动作的女选手。

当看到电视转播镜头转到观众席时，我就会充满喜悦，觉得自己也是观众中的一员。

当时，我从心底里就非常排斥“今后找机会去做”这种想法。觉得如果总是将“今后找机会”这个缺乏勇气和决心的借口挂在嘴上，就永远不会将想法转化为行动。实际上，到了四年之后的温哥华冬奥会，由于赛程与我上笑星培训班的课程时间发生了冲突，导致我并没有前往现场观赛。而2014年索契冬奥会的观赛旅游套餐已经上涨到100万日元左右。从这个意义上来看，在2006年都灵冬奥会之后，我恐怕再也没有前往现场观看冬奥会的机会了。这令我深切地感受到了一个道理，那就是“如果现在不采取行动，今后就不会再有机会（Now or Never）”，也就是说，“圆梦要趁早”。

如果不做任何改变，生活就会像一潭死水，一天天地平淡度过。而自己的行动可以创造奇迹，将原本平淡无奇的一天过成终生难忘的日子，比如遇到令人极其兴奋的事情，改变人生轨道等。如果有想要做的事情，就应该义无反顾地去尝试。我参加追星活动和观看冬奥会的亲身经历就是最好的证明。

运用自己的头脑和双手去开辟新世界

有时，我一想到做出某个决定后会发生什么样的变化就停不下来。“成为一名笑星”的选择也不例外，我总是不停地想象会出现什么样的结果，最终只能去尝试验证。

我在大学时代也是如此。大三时，我曾经作为交换生在泰国交流过一个半月，大四时曾经在丹麦交流过两个月，研一时曾经在菲律宾交流过半年时间。由于高中时期参加过追星活动，养成了较强的行动能力，因此，在学习和生活中，我形成了一种执行力很强的行动方式，遇到自己想做的事情就能毫不犹豫地付诸实践。

大三在泰国进行交流时，我利用社会基础学科中设置的交流实习制度，与当地的大学生进行了充分的交流，并对曼谷市内的基础设施维修状况进行了调查。期间，我第一次体会到了充分运用自己的头脑和双手搜集信息形成报告的快乐。这也印证了我“懵懵懂懂地想要开展实地调查”的直觉是正确的。

关于大四时进行交流的想法，是从我看到工程系教务科走廊中张贴的海报开始的。原本可能只是看一眼就走过去了，但是，当我看到海报内容的瞬间，就决定一定要采取行动，并很快就去报名了。经过书面考试和英语面试后，我从9月开始，前往丹麦第二大城市奥胡斯进行了为期两个月的交流，主要在当地的公路管理局实习。

实习的主要内容是研究如何才能减少街道和市区内路边停车的问题，并提出改善方案。

当时，交流机构分配给我一辆自行车，安排我和一名来自黑山的男同学一起在市内进行调查研究。幸运的是奥胡斯秋季的天空非常美丽。但是，这名黑山的同学却并不认真负责，包括展示最终报告在内的所有调研工作都是我一个人完成的，这段经历令我至今仍耿耿于怀。幸亏当时的导师非常了解情况，安慰我说："我知道都是你自己独立完成的。"期间，我骑着自行车到处奔波，寻找解决问题的思路和灵感，这段经历令我体会到了空前的充实和快乐。

交流期间，我每个月能够领20万日元的工资。于是，每到周末，我就用这笔钱绕着附近的景点进行单身旅行，先后到过丹麦最北端的斯卡恩、哥本哈根以及德国的柏林等地，体验到了当地的风土人情，剩下的钱都用在了半年之后的都灵冬奥会观赛上了。

研一时，我在总部设在菲律宾首都马尼拉的亚洲开发银行（主要职责是促进亚洲经济发展）进行了实习交流。主要研究内容是调查汽车导致马尼拉大气污染的实际状况及其原因。

有一次，我到一家汽车尾气检测机构进行访问调查。结果遇到了许多当地的司机，作为唯一一名日本人，总显得有点儿突兀。当时，我心想："恐怕没有日本人会跑这么远的地方来吧？"甚至认为自己能亲自到这个尘土飞扬的偏僻地方搜集一手信息，是一件非常了不起的事情，内心充满了兴奋和喜悦。自己这种遇事应变能力较强的特性一直保持到了当顾问的时候，甚至在麦肯锡公司的入职面试中，我也将这个作为自己的优点大书特书，直到现在都对此深有体会。此外，在亚洲开发银行实习的过程中，我也得到了近距离观察国际机构工作机制的机会，并且结交了来自世界各国的二十余名交流实习生，积累了各种各样宝贵的社会经验。

在这一系列经验的基础上，我有一个体会，那就是通过自己的大脑认真思考，运用自己的双手积极行动，在自己所在的领域必然能开辟出一个新的天地。正因为我有这种在陌生环境中充分发挥自己作用的成功体验，才能在犹豫痛苦之中，最终迈出了成为一名艺人的关键一步。

专题二

我具备了所需要的一切条件……我觉得生命就是上帝馈赠给我们的礼物，因此，不能虚度时光。

这是经典美剧《泰坦尼克号》中莱昂纳多·迪卡普里奥饰演的杰克的台词。杰克是位不知名的贫困画家，一次偶然的机会，他受邀前往上流社会的宴会，当被其他人戏谑地问道："你觉得这种像浮萍一样的生活方式真的有魅力吗？"他毫不犹豫地用标题中的内容进行了回答，这个场景令我至今难忘。这部电影是1997年也就是我初二时上映的，当时的我觉得它是一部爱情悲剧，并因男女主角的不幸经历而陷入深深的哀愁之中。但是，现在的我再来看这部电影，却突然发现它所要表达的精髓原来就在上面这段话之中。

每当要做决定时，我都会一次又一次地观看这个片段，帮助自己下定决心坚持自己的决定，鞭策自己："如果就这样下去，将会虚度人生的美好光阴。"女主角露丝身处上流社会，生活却并不幸福，杰克虽然生活困窘，却能够笑对人生。总而言之，真正的幸福只能用自己的内心去感受。

在现实中，我从未遇到过像杰克这样单纯而干净的人。电影中的杰克反而成为了我不可或缺的精神支柱，不断给予我做出决定的决心和勇气。

第三章

决定之后

成为喜剧演员之后

现在距离我做出成为喜剧演员的决定已经过了四年。这是一个漫长的适应过程，直到最近我才从心理上彻底完成了转型，真正开始享受作为一名笑星的生活。

最开始时，我甚至羞于开口说喜剧行业中最常见的打招呼方式“您早！”，到现在却能够自然而然地脱口而出。在面对大家提出的“怎样才能不虚度人生”的问题时，现在的我会自信地回答：“我的实际行动就是最好的选择。”

我曾经认为如果人生可以重来，那么我一定要成为一名笑星。但是，当自己真正尝试这样做时，却遇到了超乎想象的困难，当然也体验到了前所未有的快乐。在这一章中，我将与读者朋友们分享自己做出决定后的心路历程，为希望向自己的梦想迈出关键一步的人提供一些宝贵经验。

从麦肯锡公司辞职后，我一个人坐着火车沿着西伯利亚铁路开始了漫长的心灵放松之旅。2009年10月，我进入渡边娱乐事务所下属的笑星培养中心——渡边喜剧学院第十一期培训班开始学习。跟我同一期的学员中，竟然没有一个人知道麦肯锡公司是什么。由于在日语中，麦肯锡的“锡”与税收的“税”同音，因此，当我一提起麦肯锡时，大家就觉得可能是某种叫作“麦肯”的税，真的令人啼笑皆非。

虽然我平时喜欢在酒会上担任主持人，发挥自己的天赋。但是，这与成为一名笑星逗笑观众是完全不同的两码事。因此，我在学习的初期很早就遇到了瓶颈：完全写不出好的段子。

也许大家会问我：“早知今日，为什么在进入培训班之前没有注意到这个问题呢？”我是猪年出生的，再加上遗传了富于挑战精神的母亲的基因，因此，天生就缺乏对于生活的长远规划，喜欢猛冲猛打，根本不会顾及未来的结局。与在头脑中充分考虑各种因素再谨慎从事的人相比，我更愿意先行动起来再慢慢调整。我总认为无论你在脑海中怎么设想“这么做会这样，那么做会那样”，只要不行动着试试，都无法知道自己到底是对还是错，也不能真正地说服自己。我一直按照这种方式生活，在之前的人生中并未遇到特别的困难。值得庆幸的是，也正是由于这种心态，我才从来没有为“没有做自己想做的事”而遗憾终身。

在我的小学毕业纪念册中，写着“爱好：逗人开心”。可以说，从小我就是一个喜欢给别人带来快乐的人。在高二时，我被选为学校学园祭的执行委员长，在舞台上担任主持，并表演了独舞，结果朋友们都评价我是“天生做艺人的料”，当时的我对此感到非常自豪。升入大学后，可能是由于东京大学里的女生普遍都是乖乖女，一般都不会讲段子的缘故，我逐渐成了大家的开心果，无论是在酒会上，还是在研究室内，都能逗同学和导师们开心，非常受欢迎。在国外交流实习时，我曾经惟妙惟肖地模仿过一位英国交换生，结果逗得大家非常开心。

但是，这与我作为一名单人脱口秀演员，独自站在舞台上面对素昧平生的观众，用尽浑身解数逗笑大家是完全不同的。可以说，在人前搞笑比在人前认真工作要难上100倍。

此外，之前我一直生活在东京大学的圈子内，基本没有意识到自己“东京大学出身”这个身份的特殊性。但是，在喜剧世界中，我却成了唯一的“东大的人”。我自己费尽心思写出的段子根本上不了台，甚至都不能成形。培训班每个月都会举行一次月度考核（SML：School Monthly Lab），根据观众投票进行排名，我连续多周都排在靠后的位置。周围的朋友们都建议我：“试着充分利用东京大学的经历，创作新的作品。”但是，这一想法也未能奏效，我彻底迷失在了创作中，根本无法表达出自己想要表达的想法，只是在做一些表面的功夫，完全沉不下心来。结果在不知不觉间，就浑浑噩噩地结束了自己为期一年的培训课程。

在渡边喜剧学院大约150名同期学员中，只有10%左右能够留在渡边娱乐事务所。其余的都要与娱乐制作公司签约。

即使能够签约，也没有固定工资，因此，根本谈不上稳定。更何况我没有得到合约，甚至连上电视节目的面试机会都没得到。可以说，能否被留在事务所或获得合约是艺人发展道路的分水岭。令人遗憾的是，在培训班结业时，我并没有拿到制作公司的合约。

永葆初心，坚持勇气

即使在这种不利局面下，我也从未产生过“早知如此，还不如最开始时就放弃”的想法。我始终认为在冰冷的现实世界中，能够有机会挑战像梦想一样无法企及的领域，并且在挑战中体会到充实和满足，是人生的一大收获，也是避免将来为没有开启寻梦之旅而后悔的宝贵经历。

话虽如此，没有拿到合约仍然是一个非常大的打击。想成为笑星，却写不出好的段子，也得不到观众的认可和好评。如果连这些最基本的要求都达不到，又有什么必要再继续坚持下去呢？我此时面临的情况与在麦肯锡公司工作时不同，是在做自己真正想要做的事情时遇到了瓶颈，称得上真真正正的挫折和打击。一时之间，我感到非常茫然，不知道该何去何从。我深切地感受到了现实世界的残酷和缺少天赋的痛苦，甚至还想到过这也许就是天意，上天似乎在提示我“能够做到这个程度已经很不容易了，应该满足了，最好能快点儿回到之前的现实世界中”。

常言道“挑战要趁早，因为年轻时遇到失败是可以从头再来的”，我认为这句话切中了问题的本质和要害。我曾经不止一次地浏览过求职网站，并认为30岁之前转行是非常容易的，如果想回头最好趁着受伤不深的时候。

在我最彷徨的时候，麦肯锡公司时期的良师益友并木先生给了我无私的支持和重要的建议。当然，他并不是特意找机会来开导我的，而是偶尔约我出来一起吃吃饭，聊聊天，创造了见面畅谈的机会。当时，并木先生已经从麦肯锡公司离职，亲手创建了Field Management公司。

在听我说了自己的近况之后，他建议我：“好不容易才开始的，为什么不试着再坚持一下呢？”在开始寻梦之前，我经历了那么多彷徨和烦恼，是以破釜沉舟的决心和勇气向梦想领域迈出关键一步的。如果只是试试水遇到点儿挫折，就觉得自己不行而轻易放弃的话，那就太可惜了。在我人生的关键时刻，他又一次给出了正确的建议。

这次并木先生所说的“为什么不试着再坚持一下呢？”非常的符合逻辑，我认为没有什么可以反驳他的理由。如果用第二章中提到的“继续工作的三个条件”来分析，由于我当时的作品都是模仿的段子，笑料不足，还远谈不上热爱喜剧表演的程度。但是，如果问我“是不是喜欢喜剧表演”，我的回答是“YES”。虽然不比别人更有天赋更擅长，但是，如果问我“将来是否有奋斗目标”的话，那么答案一定是“YES”。这与我在麦肯锡公司工作时的情形是完全不同的。我从并木先生的话中感受到了力量，下定决心这次决不会为眼前的一点儿失败和挫折而放弃，一定要再坚持走下去试试看。

在渡边喜剧学院的毕业典礼上，渡边娱乐事务所的所长渡边美树亲自出席并致辞，嘱咐我们：“无论如何，一定要坚持在喜剧的世界中走下去。”当时，我认为只要坚持下去就没有问题，这是一件非常简单的事情。

但是，后来的事实证明了我当时想法的幼稚，因为，光是“坚持走喜剧表演的道路”所经历的艰辛，就远远超出了我的想象。这种艰辛是我有生以来从未经历过的，与在麦肯锡工作期间经历的业务成绩压力相比，两者都充满了苦涩和煎熬，但是，个中滋味却完全不同。

之前，我在做出成为艺人这一人生重大转折的决定时，曾经说过之所以能下定决心是出于“对未来不可预知性的期待和兴奋”。但是，当时的我还处在相对稳定和安全的社会环境之中，并没有体会到“不可预知”的真正内涵。直到真正成为一名艺人之后，我才感受到“未来不可预知性”的恐怖之处在于“高风险低回报”，就算你能够在一片黑暗之中，依靠勇气和活力开辟出属于自己的道路，并不断坚持下去，但面对你的未来可能仍旧是一片黑暗。这与人的心气儿很像，只要有希望，无论遇到什么困难都不要紧，但是，一旦情绪低落或丧失了信心，就会一蹶不振。我一度也曾陷入困境，甚至没有心情去认真考虑段子，光是打零工度日。

当时，我的大学同学们事业都走上了正轨，就像开着名牌汽车在平坦的高速公路上向着预设的目的地全速开进一样，光鲜而体面。反观我的生活，连固定的收入都无法保障，更别提分期贷款买房了，称得上是惨不忍睹。直到此时，我才切身体会到东京大学毕业的学生几乎没有人愿意成为艺人的原因，那就是：明明可以在轻松安逸的环境下无忧无虑地生活，为什么还要刻意去选择充满艰辛并且崎岖不平的道路呢？

“无论如何，一定要坚持在喜剧的世界中走下去”这句话本身就充分证明了“坚持下去是非常艰难的”。实际上，许多学员从培训班毕业后，就放弃了自己的演艺生涯。我深切地体会到渡边所长致辞中的话语应该隐含着这层深意。

但是，在这个喜剧世界中，只要你坚持下去，谁也说不准前面会有什么在等着你。在我认真考虑后准备放弃的时候，却迎来了在电视剧中出镜的机会，同时，我写的段子也逐渐开始受到观众们的认可和欢迎了，我还得到了事务所的合约。对我而言，这真是万分幸运的事情。此外，我深切地体会到，与在麦肯锡公司工作时学到的一样，在遇到逆境时要保持耐心，不必过于焦虑。就我个人的经历而言，无论是在大学期间，还是在麦肯锡公司工作期间，都处于一个剧变的世界之中，一两年时间就会发生很大的变化。但是，在我进入喜剧界之后，一次偶然的机会听到一位前辈说自己“已经在这个行业干了十五年了”，就彻底改变了我对于这个行业职业规划的认识，我开始变得更加耐心，决定沉下心来坚持不懈地夯实基础，在这个领域认真地干下去。

无论当时还是现在，一直以来我都深受渡边喜剧学院第十一期培训班同学的无私的帮扶和支持，这是我最宝贵的财富。作为一名脱口秀表演者（单人表演），我是没有舞台搭档的，能够得到这么多同行的热心帮助，是非常难得的，也是值得倍加珍惜的！

必须付出120%的努力

由于梦想是成为一名笑星，所以我一直觉得自己非常有喜剧天赋。无论是谁总会有些“先天性意识”，比如我在踏上成为一名艺人的道路之前，无论是在东京大学，还是在麦肯锡公司，都认为自己是团队里最幽默、最风趣的人。虽然从客观来看，东京大学和麦肯锡公司都属于比较另类的团队……

在坚持走艺人道路的过程中，我经常会觉得自己并不适合这个领域，也没有天赋和才华，甚至多次产生放弃的想法。每到这个时候，我就会问自己：这是在120%地发挥了“自认为具有的喜剧天赋”的基础上做出的判断吗？在现阶段，我的答案是“NO”。也就是说，我还远没有达到“全力以赴”的程度。

在渡边喜剧学院的招生宣传手册和主页上，刊载着和我同一间事务所的前辈泽部佑曾经说过的一段话：

在喜剧这个行业中，坚持是非常重要的。但是，我认为适时地放弃也不是一件坏事。只是希望每位同仁都能挖掘并充分发挥自己在喜剧方面的全部潜力。如果这样还是无法取得突破，那么就可以心安理得地放弃了。我认为只有坚持不懈地努力到极限，才能逼出自己的所有潜能。如果你遇到了瓶颈问题无法突破时，请来WCS咨询，我们积累了许多技巧和建议，一定有一款适合您！

所谓“WCS”就是“渡边喜剧学院”的缩写。

在喜剧行业，“成功”也要受到命运的左右，付出并不一定就能得到回报。

但是，至少要尽可能地激发自己潜在的喜剧天赋，否则就等于连起跑线都没站上就输了。如果连试都不试一下就草草放弃，那肯定是错误的。我常对自己说：如果我尽了自认为120%的努力去展现自己幽默的一面，但仍然无法逗笑观众的话，就只能放弃走笑星这条路了。如果达不到这种程度，我想，首先要做的就是专心去追求自己付出120%努力的表现。

光阴似箭，转眼间我就从培训班毕业两年多了。

从培训班毕业时，我非但没有展现出120%的努力，甚至连自认为1%的幽默感都没有表现出来。我是一个表现如此之差的“喜剧差生”，但是，仍然坚信自己还有发挥实力的空间和余地。因此，从培训班毕业后，我选择了继续坚持挑战的道路。

由于我还是不擅长写段子，有时会付出比其他人更多的时间去钻研，精神上也经常处于紧绷的状态。如果从我耳熟能详的方法论“人总是在擅长的领域取胜”来看，我所做的努力效率是非常低的，与麦肯锡公司强调的“效率至上”的观念存在着本质的区别。

但是，时至今日，正如“无论如何，一定要坚持在喜剧的世界中走下去”这句话所阐述的那样，我发自内心地感到庆幸，自己没有在最初阶段就放弃成为艺人的信念。实际上，我已经取得了一定的成绩和突破，比如：实现了自己曾经认为“一生都无法企及”的梦想，受邀参加了渡边娱乐事务所主办的喜剧大赛——笑星传奇。虽然还没有展现出120%的实力，但是，能够切实地感受到自己比以前朝着梦想更近了一步，我的内心充满了喜悦和期待，觉得自己没有辜负付出的努力和勇气。

我不知道自己未来会取得什么样的成就。然而，我坚信只要坚持去做，虽然过程可能会比较漫长，但最终一定会逐渐突破自己的极限。一些原本认为勉为其难的事情也会逐渐成形，自己将向着120%的目标又靠近0.1%……现在的我，就是在这种信念的支撑下度过每一天的。结果，观看节目的观众开始逐渐认可我的表演……这种感觉对于现在的我而言是令人无比激动和兴奋的。最近，我开始得到了一些参加现场表演的机会，可以说，观众们的笑声是我能够保持活力的根源。

充分认识自己只是平凡的一个人

真正改变我人生观的一句话是笑星培训班的老师教给我们的：“请各位首先要牢记自己只是茫茫人海中平凡的一人。”人要想成才，就必须调整心态，从充分认识光凭自己的力量什么也干不成开始。

当然，人要想成功，首先要从自身努力做起，但是也少不了周边环境因素的助力。从我的亲身经历来看，光靠自身的力量是无法实现梦想的。这样一来，就形成了我对事物的独特认识，认为我迄今为止的职业生涯基本都是环境和命运共同作用的产物。

从公司辞职后，我进入了笑星培训班学习，不得不在没有职务和学历的状态下，站在舞台之上从零起步，挑战全新的领域。在这种环境中，我从心底彻底明白了自己真的是一无所有，我甚至无法逗笑面前的任何一位观众。说来有些羞愧，这竟然是我人生之中第一次注意到自己之前竟靠着“东京大学出身”“在麦肯锡公司工作过”等一系列履历和名头，赢得了相应的身份和地位。这些履历大部分都不是靠我自身努力得来的，不过是命运和环境等因素作用的结果。然而，我不得不承认因为拥有这些名头，我会不自觉地萌生一种误判，认为自己与众不同，自己比别人更特殊，从而产生莫名的优越感。

只有当我抛弃所有的名头，以“石井辉美”这个纯粹的身份进行挑战后，才发现无论是什么职业，当你能够依靠自身的力量给别人带来哪怕一丝幸福时，是多么的自豪与骄傲！我长到这么大，才第一次明白这个再自然不过的道理，这是多么令人羞愧的事情啊！直到此时，我才看清自己之前是在一个多么狭隘的世界中，以一种多么狭隘的视角在生活，真的是坐井观天啊！

最开始时，我并不理解“请各位首先要牢记自己只是茫茫人海中平凡的一人”这句话的内涵。但是，在我抛弃了社会上普遍认为地位较高的名头，进入必须赤手空拳地决一胜负的领域后，才真正体会到自己的力量是多么的弱小，也以自己的方式加深了对这句话的理解和认识。如果不能清楚地认识到自己只不过是社会中再平凡不过的一员（也就是所谓的“不能正确认识自我”），就无法脚踏实地地按照正确的方向努力。当时的我只有27岁，从年龄上看并不算大，但是，在脱离了之前一直生活的狭隘世界后，我终于找到了人生的真谛。如果没有发现这一点，我恐怕会一事无成，一直碌碌无为下去，却还总觉得自己是社会精英，并在遗憾中度过一生。能够及时认识到自己什么都不算，只不过是生活在社会中的一只蝼蚁而已，对我而言，是一笔宝贵的财富。

从抛弃自我开始

还有一句话给我的触动很深，它教会了我搞笑的诀窍，帮助我在给别人带来欢乐的路上越走越顺。

那就是：“为了取悦观众，必须从抛弃自我开始。这会带来巨大的牺牲，如果你总是感到害羞，那么，最好还是趁早放弃吧！”

这是一位著名女星的名言。既然你进入了喜剧的领域，那么就必须克服害羞和犹豫的心态，决不能出现“太尴尬了，我做不到”“我想保持自己的美好形象”等问题，如果不能将心态归零，以最纯真的状态面对观众，就无法展现自己想要塑造的形象，传达自己想要表达的信息。在舞台上表演段子的时候，有时会陷入装疯卖傻的尴尬状态，甚至会成为一些不知情的人嘲讽的对象。但是，既然迈出了这一步，就不能再保守了。如果连在舞台上表演装疯卖傻的角色都抗拒，必将一事无成。

我能在大家都不看好的情况下，渐渐在表演段子方面取得一些成绩，全是领悟了这段话的真谛的功劳。此外，我没有给自己取艺名，而是用真名进行表演，也暗含着“断掉自己后路，不去在乎流言蜚语和虚名，全心全意地投入到作品的创作和演出之中”的寓意。

麦肯锡公司在我人生中的意义

现在的我作为一名笑星努力奋斗，这是我向往并且希望一直挑战下去的生活，令我感到非常的幸福和满足。虽说如此，却并不意味着大学毕业后不就业，直接去当艺人这条路是对的。虽然说起来有点结果主义[①]的倾向，但实际上，正因为有在麦肯锡公司工作的经历，才成就了今天的我。我在麦肯锡工作期间，积累了许多经验和工作心得，概括起来主要包括下述四个方面：

一是在二十多岁的年纪，能够有作为公司员工工作的人生经历，增强了我对于社会的理解能力。之前，我认为在公司中努力工作的生活方式是正确的，多年来一直憧憬着这种生活。首先，只有经历过这种“大家公认的正道”，才能真正地“离开正道”。就我个人的经历而言，在麦肯锡公司中，放眼望去到处都是比我优秀太多

---

① 结果主义（consequentialism）又称“结果论”，是伦理学中的学说，指一个行为的对错要视该行为就总体而言是否达到最高内在价值来决定，即结果主义的道德推理取决于道德行为的后果。

的人才，这令我产生了一种“必须在精英的精英之中领跑”的感觉，并做出了放弃的决定。麦肯锡公司的前辈曾经对我说：“你通过麦肯锡公司的评估充分了解了自己的缺点，这样不是很好吗？”确实是这样，只有了解自己不想干什么，才能更好地发现自己想干什么。

顺便说句题外话，只有住过豪宅，吃过山珍海味，也就是过过令人憧憬的奢华生活的人，才能真正体会到不是光有奢靡的物质条件就能感受到快乐和幸福的。同样道理，只有经历了真正的职场生活的洗礼，我才能够按照自己认定的幸福的标准快乐地生活下去。

有些人在准备向着自己的理想出发时，往往会被所谓的“惯例”，也就是人们对某种事物的普遍认识所束缚，这种人通常会觉得按照“惯例”去做到底就没问题了。还有些人有许多想做的事，常常会对该做哪些不该做哪些感到困惑，这种人往往不会将焦点集中在某一件事上，而是幻想将所有想做的事都做一遍。

二是认识到无论哪个领域都差不太多。比如：如果我大学毕业后直接成为一名艺人的话，但凡遇到一点儿不合理的事，肯定会认定：“因为是娱乐圈，所以不合理的事情才特别多。如果在正规行业的正经公司工作，肯定不会遇到这种事。”从而产生一种别人家的草坪比较绿[①]的想法。但是，实际上无论是哪家公司或多或少都存在

① 与“外国的月亮比较圆”“别人家的饭比较香”相类似，都是指对于不熟悉的事物充满好感，认为比自己拥有的要好。

一些不合理的事情，无论是哪个行业只要你亲身去体验一下，都会遇到问题。就我所在的喜剧行业而言，在评价一个人时对于实力的评判是非常合理的，比我们平时想象的要干净得多。

三是认识到实际情况其实远比想象的要好得多。在麦肯锡公司时，我总觉得只有自己完不成工作，总是处于焦虑和急躁的状态之中。但是，实际上，周围有许多同事看起来过得不错，得到的评价却非常差，于是他们拼命地在水下挣扎，最终成功地浮出了水面。认为自己可能不适合这个工作的人不止我一个。出人意料的是，遇到事情时人们往往容易往消极的方面想。认定自己不适合搞笑并就此放弃是一件非常简单的事情。但是，一旦放弃了以后，就会发现自己什么都不剩了。正因为我有在麦肯锡公司工作的经验，我才能够更加坚决地坚持下去。

最后是麦肯锡公司的工作环境。在这种没有任何人保护你，无论工作也好，还是人生也好，都靠自己主宰，凭借自己的力量去开辟成功之路的环境中，可以做好充分的心理准备，确保自己在离开常规轨道后，能够不随波逐流，按照自己的想法不断前进，创造属于自己的人生之路。这令我有一种找到了自由掌控自己人生的钥匙的感觉。

如上所述，虽然我在麦肯锡公司只工作了短短一年的时间，但是，却学习到了许多宝贵的经验，从这一点来看，甚至可以说那是自己人生之中不可或缺的一段经历。

麦肯锡公司与我的现在

当初我选择进入喜剧行业的时候，是做好了“失去家人和朋友支持”的准备的。但是，现在看来，却没发现有什么是那么令人恐惧的。实际上，在我开始演出之后，有些很久不见的朋友会来到现场看我的表演，我也结交了一些新朋友，这样算来，朋友非但没少，还逐渐增多了起来。这令我切实地感受到，在决定开始挑战后，给予自己帮助的人越来越多了。

同样，我在离开麦肯锡公司时，做好了被大家遗忘的心理准备。但是，不可思议的是，在开始成为一名艺人以后，我与麦肯锡公司的人关系却越来越密切了。我在离职时，甚至做好了被提醒“由于与品牌形象不符，不准对外公布曾经在麦肯锡公司工作过的经历”的心理准备。从某种意义上讲，我的预期落空了，但却是一件好事。这也充分证明麦肯锡公司不愧是一家尊重“人的多样性（variety of people）”的企业。

直到现在，从麦肯锡公司离职的人每年都要和仍在公司从事顾问工作的人聚上一次，把酒言欢。我是聚会组委会的一员。这些组委会成员经常会背着我偷偷来表演现场看演出。最夸张的是，麦肯锡公司原日本分公司总经理平野正雄先生也曾莅临现场观看我的演出。当我还在麦肯锡工作期间，平野经理就像是神坛上的人物一样，高高在上，令我遥不可及。当我看到他身影的瞬间，竟然不由自主地抖了一下，感到万分惊讶，心里反复在琢磨："这究竟是怎么回事啊？"在看过节目后，他对我谈自己的感想时表示："你们这个行业，看过演员的表演效果后，马上就会客观地分出好坏优劣，远比麦肯锡公司更加严格和残酷。"

不管怎样，之前公司的人能对我现在从事的工作给予理解和支持，是一件非常值得庆幸的事。在成为一名艺人之前，我根本没想到会有以前的同事来支持我。这种"放弃"之后，还能重新得到的感觉真的太棒了。

只要自己能接受就好

不管其他人怎么说，能够在自己喜欢的地方生活是最重要的。从结果来看，无非是在社会体制内生活或体制外生活。大家应该尽量避免发生带着疑问、违背本意在社会体制内虚度光阴的悲剧。但是，就我个人的经历而言，大家可能无法想象从体制内跳到体制外究竟有多么艰难。从现实利益的角度来看，在体制内生活有非常多的好处。当你想要跳到体制外时，会有许多不同的人来对你讲各种各样的话，令你充满了迷惑和彷徨。

接下来，我将讲讲应该如何应对这种局面，与朋友们一起分享我被决断折磨得痛苦不堪时的心路历程，并给想要迈出改变生活的一步却始终踟蹰不前的人们打打气。但是，这里所讲的“决断”，是指在两种截然不同的情况之间做出选择，而不是在同等条件的两个选项之间犹豫不决（例如：为去A银行或B证券公司任职而犹豫不决）。

所谓决定就是要学会放弃

我曾经与许多朋友聊过关于做决定的话题。其中，表示自己“就算真有想做的事情，也无法下决心去做”的人不在少数。其实，他们的回答已经流露出了真实的想法。

从某种意义来讲，做决定这件事情意味着在下决心选择一条道路的同时，会放弃另一条道路。此外，还要冒着放弃经过多年经营积累下来的多种可能性、既得利益以及支撑自己一路走来的基础的风险。可以说，做决定时最麻烦的就是要面对“断舍离”。

如果你能得到所有的东西，那么自然是最幸福的。相反，当你需要放弃时，就会感到困惑。当你面临多种选择时，是最心烦意乱的。

当你准备向全新的行业迈出第一步时，与兴奋感相比，恐怕更在乎的是对失去既得利益的恐惧，换句话说，就是贪恋已有的生活，不舍得放弃。就我个人在麦肯锡公司的经历而言更是如此，必须要放弃世人艳羡的“金饭碗”和曾经留恋、重视的工作。

我从大学毕业后进入麦肯锡公司工作，当然是一件值得人羡慕的事，期间也有许多美好的回忆。但是，我的内心却从未体会到距离幸福越来越近的感觉，反而缺少了兴奋感和满足感。我坚信再在麦肯锡公司工作下去，也不会改变我的看法。同时，虽然没有任何保证，我总觉得只要去挑战自己真心想做的事情，就会离真正的幸福越来越近，因此，我最终做出了辞职的决定。

那么，实际情况又是如何呢？

在做出决定之前，我总是纠结于可能失去的东西。但是，实际上，真要问我到底失去了什么，恐怕答案是“根本没有失去任何东西”。家人和朋友自不用说，与大学同学和公司同事的关系至今仍然密切，甚至还保留着转行到终身聘用制公司工作的可能性。如果非要说点什么，恐怕就剩下经济因素了。我放弃了正式公司员工的职业生涯，在薪金上确实损失了许多。

但是，从另一个角度来看，我得到宝贵的经历以及人生中不可或缺的挑战性和幸福感等数不尽的无价之宝。有一点是毋庸置疑的：我从公司辞职之后，从未觉得自己做出了错误的决定，没有后悔“在失去之后，才发现曾经拥有的是多么美好”。

首先，要勇敢地迈出一步试试看，如果真觉得错了，就反过来从头再来，没有什么值得后悔和犹豫的。在人的一生当中，除了生命以外，没有什么是不能够重新开始的。

就算真的失去了什么，人生也不会就此虚度，为了自己喜欢的事物不断挑战的这份经历就是无法用其他东西来衡量的宝贵财富。

越是学历高的人就越愿意承担风险做出决定

人们常说学历越高的人生活越有保障，事实确实如此。由于学历高，往往会在大型企业中担任综合管理职务，领着稳定的工资、退休金和养老保险，得到社会的充分认可，享受着别人羡慕的眼光，过着体面的生活……可以说，在日本这样的社会中，高学历的人才会得到许许多多的利益。

我曾经也希望过上这种生活，所以特别能理解这种心情。试想一下，如果与依靠打工谋生相比，没有人会愿意放弃如此优厚的待遇。如果自己没有独立生存的突出能力，贸然进行挑战必然是以卵击石，得不偿失，这是毋庸置疑的事实。

但是，实际上，学历越高的人越容易在人生道路上做出高风险的决定。在决定时，并不是考虑“明明有高学历，贸然挑战可惜了”，而是想着“正因为有高学历，无论如何都能干成”。由于多年学习的累积，锻炼出了相对较强的问题解决能力，在新的领域也能比较容易地脱颖而出，取得成功，这一点固然重要。但是，有高学历做背景，也就具备了失败之后重新开始的资本，因此，单纯来看，做出高风险决定的保险性也相对较强，这也是一个重要原因。

此外，由于一直以来的努力付出，培养了坚定的意志和自我认同感，这成为了高学历者驱动未来发展的能量之源。我认为既然具备了如此雄厚的实力，那么冒着风险去挑战自我的人自然是越多越好。

努力学习，考上名牌大学，进入大企业工作，并且真心感到满足，这就是最大的幸福。但是，如果您觉得人生缺少刺激和挑战，自己还有其他想做的事情，那么我希望您一定要鼓足勇气迈出挑战的一步。即使最终失败了，也有从头再来的机会，只要重新求职再就业就可以了。

对于那些“缺少梦想”或“不知道自己想干什么”的学生们，我的建议是一定要先学好习。学习是拓展未来选择的手段和方法，也是有利于发现自己想做之事的捷径。此外，社会上也普遍认同这样一个观点，那就是不管怎样，多学点儿知识终归是有益的。

人的一生之中，如果能发现自己想做的事情，就像发现了安全区一样，是再好不过的。这样一来就可以放心大胆地向着自己的目标纵情挑战。从这个角度来看，没有什么比未雨绸缪更加重要的了。

如果不挑挑拣拣的话，工作的选择面反而会更宽

自成为艺人的那一刻起，我就正式告别了稳定的收入。但是，我对生活却没有任何担忧。从麦肯锡公司辞职时，我就褪去了“必须在知名企业就职”“必须成为正式员工”的虚荣，因为我觉得就算不费尽心思去挑选公司，也能过上不错的生活。

“就业难”这个问题已经持续了很久。但是，我想“就业难”的实质是大家没有自己的原则，不是从自身实际情况出发，而是一味追求在受追捧的大型知名企业就职，导致了严重的社会问题。大家经常将“没有工作机会”挂在嘴上，但是，实际上真正没有工作机会的情况应该很少吧？更多的时候是找不到“能满足自己自尊心的工作”，可以说造成这一局面的恰恰是我们自己。

以前的我也是一个自豪感扭曲的人，因此，非常能够理解希望在知名企业就职的想法。对于这一点，大家的普遍想法可能是要选择“父母放心的公司”“亲戚们听说过的公司”。但是，大家不可能只有“只要在知名企业工作就可以了”这样一种价值判断标准。实

际上，在大学生中，已经有了一种新的择业观，认为应该先树立自己的价值判断标准。

无论是通过打工也好，社团活动也好，学习也好，总之应该先在实践中梳理出自己喜欢做的和想要做的事情，并树立自己的择业标准。因为这种经验之谈在面试过程中将发挥重要作用，是表明自己理想和动机的最有力证据。

其次，要在公司的介绍会和实地走访过程中，研究自己的择业标准是否适合相关企业，并选择能够实现自己理想的企业就业。如果光是想着从知名企业中选择，就无法了解自己的真正意图，更不可能阐述清楚自己的理想和动机。如果能够提前明确自己的择业标准，并用自己的语言清楚地进行阐述，就可以从“普遍无法进入好公司”的魔咒中解脱出来，在理想的企业中实现就业。

我在按照自己的标准选择就业方式之前，走了许多弯路。但是，在我真正地抛弃了扭曲的自豪感之后，才真正地实现了理念层次的升华，彻底摆脱了“再就业时必须选择知名企业”的束缚。在这种理念的指导下，我有幸从事了人力资源猎头的工作，并且开始做兼职翻译。现在的我具备了极强的谋生能力，可以依靠任何工作生活下去。

自己负100%的责任

在我从麦肯锡公司辞职之前，我一直沿着别人设计好的轨道生活。可能这条人生之路是大家公认的“好的”“顺利的”捷径。但是，现在看来，当时的我只是在世俗的眼光下苟且生活，并没有发自内心地追寻自己的梦想。

麦肯锡公司有一条不成文的规定，那就是“要对报表负责”。每位顾问都对自己承担的领域全权负责，必须独立牵头完成项目。不管你有没有不懂的地方，没有人会帮助你解决问题，也没有上司会替你承担责任，完全都由你自己负责。

我在麦肯锡公司学会的“自己牵头负责”“每个人都要具备领导能力”等理念，成为了我日后开辟属于自己人生之路的指针。能够引领自己人生的只有自己。就算进展不顺利遇到挫折，也没有人会替你承担责任，更不能将失败归咎于任何人，这就是所谓“自己负100%的责任”。

与之相对，在自己的责任范围内可以随心所欲地掌控自己的人生。只要是自己喜欢的，就可以不顾一切地冒险追求，这种生活方式不正是人们所向往的吗？“自己是人生之路的主宰”“挑战自己梦想的人生”真的是一种理想的生活方式，在这种理念下，人们怀揣梦想，跃跃欲试，可以发自内心地享受今后的人生。

坚持自己的价值标准，不与人争高低

要想做到“自己是人生的真正主角”，应该从确立自己的价值标准开始。

我坚信自己想要做的事情，也就是成为笑星是绝对有价值的。因此，无论别人怎么看，我总能满怀骄傲地进行挑战。并不只有公司的工作才有意义，在麦肯锡公司工作之后，我才对此有了深刻的体会，对我来说能够有这段经历是非常幸运的。

当自己能够遵从内心，形成牢固的价值标准时，社会普遍追捧的生活状态和价值观就变得无所谓了，我们的生活也会变得轻松愉快起来。再进一步来说，与头顶麦肯锡公司的光环时相比，我变得更加自信了，甚至在别人把我当成傻瓜一样看待时，我也能气定神闲地平静对待。我记不清到底有多少人曾对我说过“离开麦肯锡公司太可惜了”，但是，不管别人的评价如何，放弃自己不需要的东西根本没有什么值得可惜的。与这个相比，不敢追求自己的梦想，在纠结徘徊中虚度一生才是真正令人扼腕叹息的。

假如当前最火的明星就在我的身边，但是，我并不是他的粉丝，那么即使见到他，我也不会特别的兴奋。与之相反，假如遇到了自己喜欢的不知名的明星，我也会感到欣喜若狂。这种自己独有的标准是成就事业时必须坚持的。

此外，另一个极为重要的事情是要意识到自己就是自己，不要刻意与其他人比较。与人比较是没有尽头的，无论对方是谁，都会产生厌烦的心理。这是人生中的一个大忌。如果非要比较，只能将过去的自己作为对象。如果你能拥有按照自己信念生活的自信，那么就会减轻对未来的焦虑。

我当然不是鼓吹标新立异，非要追求与众不同。有时，我也会将“别人强烈推荐的事情”或“做与别人相同的事情”当作价值标准。只要是自己能接受、认同的就可以了。

令人尴尬的是，自己明知道过得并不幸福，却不能正视这一问题，而是在浑浑噩噩中蹉跎人生。

当然，我并不知道别人会怎么看待我做与众不同的事情，由于没有先例，也无法预测未来会发展成什么样，从这个角度来看，坚持自己的价值标准真的需要极大的勇气。

但是，如果你害怕与众不同，就无法掌控自己的人生。

更何况现在的日本已经不再是经济持续增长的时代，未来的经济走向极不明朗。像过去那样，大家沿着同一方向前进，追求经济高速增长的时代已经一去不复返了。整个日本社会都沉浸在一种前途未卜的沉重氛围之中，这就更需要大家拿出不走寻常路的勇气。可以说，我们已经迎来了鼓励追求创新发展的气魄和能力的新时代。

应该多和志同道合的人交往

我们虽然鼓励大家树立自己独有的价值标准，但是，要想在任何时候任何情况下都不偏离标准，是极为困难的。

人们比自己想象的更容易受到周边环境和人的影响，往往在不知不觉间就会被同化，变得随波逐流。

如果你所处的环境会动摇自己追求的价值标准和梦想，那么，首先要做的就是赶紧保持距离。在从麦肯锡公司离职决定成为艺人时，我深切地体会到了这一点的重要性。同样，在与艺人们日夜相处时，准备MBA考试就变得极为困难了。当你迎着河流逆流而上时，会消耗超出平时很多的精神能量，额外增加许多负担。

这样看来，首先要从河流中上岸，这一点是非常重要的。

当你想要做的事情与周围的环境相适应时，自己也会受到周边氛围的影响，从而渐入佳境。我从麦肯锡公司辞职的时候，同事们对我说："最好是能与目标相同的人一起共事！"现在想来这句话非常有道理。时至今日，与艺人伙伴们一起工作时总比我一个人时更能轻松地调动积极性。

还有一点非常重要，那就是道不同不相为谋，也就是决不与价值标准不同的人进行比较。比如：现在，我在与大学同学或麦肯锡公司原来的同事交往时，绝对不会攀比相互之间的境况。

如果真的去比较存款的话，恐怕我马上就会绷不住了。在刚从公司辞职的时候，我是从慢慢习惯白天在家休息这个非常规的状态开始的，如果与那些在公司奋斗拼搏的朋友们去比较的话，恐怕我很快就会受不了的。

因此，如果你希望开始某种全新的挑战，我建议最好能远离对梦想造成负面影响的环境，而更为积极地去接近那些拥有相同理想和目标的人们。

远离那些总是对你的决定说“不”的人

每当我做出与众不同的决定时，总会有人提出否定的建议。在我大学想要从文科转成理科时，就有许多人并不看好，浇我冷水说：“明明是学文科的，决不能贸然去转理科呀！”“如果跟不上课程的话该怎么办？”甚至有人嘲讽我说：“肯定是被人骗了才做这么糊涂的决定。”大家虽然没有恶意，说的却都是不负责任的话。当你想要做出与众不同的决定时，总会遇到这些消极的声音。

当我想成为一名艺人时，也遇到了同样的情况。我不止一万次地听到“太可惜了”之类的话。在我进行讲座时，有的学生也会说：“太可惜了，如果能在麦肯锡公司呆上三年就好了。”可是，当我反问“呆上三年就真的好了吗？又好在哪里呢？”时，他们却只能无言以对。而实际情况是如果光说“太可惜了”还算好的。

回想一下我周围的反应，有一点是非常有意思的。当我果断地挑战新事物，希望按照自己的想法生活时，竟然没有一个人提出切实的反对意见。而是有许多人抱着看热闹的心态冷嘲热讽，干扰我实现梦想的决心。比如："现在喜剧已经不热了，为什么还做这种选择呢？真是自讨苦吃啊！""没有人会蠢到那么干吧？""哎呀，真是自不量力啊！"等等。我原以为他们只是想要追求稳定的生活而已，没想到也会抱怨自己的公司，发牢骚说："现在公司的工作毫无乐趣，但是，也没有什么其他想做的事。"我想他们是因为缺乏自信而感到不安，想要保护自己的世界，才会阻止希望做出决定的人们。

本来我将来成为一名艺人后会发展成什么样子与他们毫无关系。当然，如果是真心实意地为我着想，希望给我合理的建议，还是令人非常感动的。但是，有些人却并不是这样，只是因为我做的事情与他们个人的看法不同，就毫无根据地妄加批评。说这些话的人就是图自己的一时之快，根本是不负责任的。这些不和谐的声音是做决定时必然会出现的，因此，我们要做的就是尽量不去接触它，避免受它的影响，这才是理想的选择。

我还必须解决一个问题，那就是如何对待装出对你关心样子的人们。我经常会听说"某某人非常关心你的事情，总担心你过得好不好"等，但是，如果他真的关心我，完全可以直接和我联系。为什么要在我不在场的时候说这些话，或者通过其他渠道将消息传递给我呢？当我面对这种局面时，该怎么处理才好呢？后来，我逐渐明白了这些人之间有很深的"自我防卫"意识。他们不允许我这样一个曾经生活在相同秩序下的人做出破坏自己世界价值观的决定，因此，就通过丑化批评我的决定、美化肯定自己所在的世界来确认自己的处境是安全的。诚然，从安全的视角来看我的选择，是非常容易指出其具有风险的。

此外，还有一种人是盼望我失败的。

依我一个朋友的说法，“人成年之后，就放弃了自己的梦想。在现实社会的框架内，不断寻找自认为相对有意义的工作，过着隐忍的生活”。但是，“当有人从这个框架的束缚中逃脱出来，义无反顾地去追寻自己的梦想时，就会有人开始羡慕嫉妒恨，觉得太不像话了”。他们根本容不得你在金钱或社会地位方面取得成功，总是通过吐槽你“好像是做笑星去了，不过根本不卖座，不值得一提”等，一吐胸中的妒火，得到心理上的畅快。过去的我也是这样，虽然对自己的人生不满意，却被束缚在体制的框架中，成为了温水中的青蛙，因此，我非常理解他们的心情。

有许多人对我讲过许多话，我很快就能分清到底是发自内心支持我的话，还是出于自我防卫来批评否定我的话。对我讲话的人太多了，我还是很在意的。因此，我逐渐明白了一个道理：那些想批评我的人往往只能通过批评别人来保护自己的世界，对此，我时刻提醒自己要远离他们。另一方面，有一些朋友真的是出于对我的爱护才建议“真的不行的话就放弃，大不了从头再来，以你的能力是没问题的”，这令我感到非常幸运。

但是，有一点希望与大家共勉，那就是不管别人如何支持和肯定，最终做决定的都是你自己，真正承受结果的也只能是你自己。

将事情看得过重的只有你自己

直到现在我一直在思考一个问题，那就是为什么在麦肯锡公司工作时，自己会被“成为一名笑星”的决定折磨得那么辛苦。我一度以为是因为自己深受社会普遍价值观制约的缘故，但是，实际上将我牢牢束缚的并不是学历或是麦肯锡公司的履历，而是自己的认识。在社会中，只要不给别人造成麻烦，就没有什么事是必须要怎么做的。

无论是谁，只要回首一下自己的人生，就会发现有许多事情在当时看是无论如何都无法释怀的，但是到了现在却变得不值一提了。我在做决定时，视野是非常狭隘的，总是把事情想得很夸张，常常为了一些无足轻重的事情而痛苦不堪。在现在看来，只要稍微改变一下思维方式，许多事情都能有好的结局。

许多人都会觉得做决定是令人恐惧的，恐怕他们真正顾忌的并不是失去物质利益，而是无法忍受其他人的眼光和身边的议论。《麦肯锡用人标准》的作者、职业规划顾问领域专家伊贺泰代[1]曾经说过："人们总是高估别人对你的关注程度。"虽然耗费了许多时间，但最近我终于学会了不在意别人的眼光。本来就是这样，根本没有人会刻意去记你那些小小的失败经历。

我刚成为一名艺人的时候，看见其他艺人在舞台上被观众嘘，总会在心里叹气："唉，这种感觉真令人讨厌！"令我感到意外的是，当我在舞台上被嘘的时候，虽然也会感到痛苦，但很快就会调整好情绪，拼命讲好段子，竭尽全力想要扳回一城。现在我再看见被观众嘘的艺人时，总会在心里为他们喊"加油！"，并默默地帮他们一起想办法，看今后怎么才能赢得观众的认可。

这种情况不仅发生在娱乐圈，在公司经营领域也是很寻常的。挑战的次数越多，遇到失败的概率当然就越大。虽说是失败，但是对挑战者本人而言，这不过就是挑战过程中的一个环节而已。从这个角度来看，非但不能算是失败，甚至还可以看成向成功迈出的一大步。如果你是想要进行挑战的人，那么必须明白这个道理，当看到其他人挑战遇到困难举步维艰时，就可以更加理解他的处境，不会产生尴尬难堪的感觉。

---

① 伊贺泰代曾在麦肯锡公司工作十七年，有五年管理顾问、十二年HR经理的工作经验，对麦肯锡及未来人才的标准有深刻的认识，著有《麦肯锡用人标准：未来的人才标杆》等作品。

但是，我们周围肯定会有用白眼看人的人，这是无法改变的事实，只要自己不去理会他们就行了。我认为如果你真的那么在意周围人的眼光，就等于给自己套上了沉重的枷锁，无法施展拳脚。

当一个人有“想要做的事情”时，就不可避免地要进行挑战，只要有挑战就意味着要冒失败的风险。可能从旁观者的角度来看，有时你的状况并不好。但是，对于本人而言，在成长进步的过程中遇到一些挫折和尴尬并不是什么大不了的事情。如果一个人怕自己的状况被别人同情或怜悯，并因此而感到羞愧，那么可以说他并不适合进行挑战。

但是不管怎么说，人生只有一次。如果只是为了避免发生尴尬局面，就无所事事地虚度时光，这样的人生实际上已经结束了。与之相对，想要进行挑战的人从不过度在意其他人的眼光。无论你遭遇了多么大的耻辱，总有一天大家都将老去。在这之前，无论是谁肯定早已不记得其他人失败的经历。令人不可思议的是，当你集中精力向自己坚信的目标发起挑战时，是根本不会注意别人对你的看法的。

“别人会怎么看你？”“如果这么做会被别人怎么说？”“令人尴尬！”等等，我们不知道这些意识究竟在多大程度上制约了人们的行动。由于这种意识的束缚，导致日本社会损失的“所失利益”[①]更是难以估算。由于我有挑战自己梦想、纵情享受人生的切身体会，所以，根本不会在意其他人的眼光和看法，甚至可以坦然面对在舞台上被观众嘘的瞬间。没有什么是比因为在意别人的眼光而放弃自己想要的生活更加令人惋惜的！

① “所失利益”在日本又称为“逸失利益”，可以解释为期待利益。假定有受害人遭遇事故不幸身亡，享年30岁，如果受害人没有遭遇这场事故，按照日本劳动基准法的规定可以工作到67岁，那么由于发生事故使得他在30岁开始到67岁中间应该得到的利益无法实现了。这种应该得到的却因为事故的发生而无法实现的利益，被称之为“逸失利益”，也可以称之为“期待利益”。

只有改变自己才能改变未来

人生只有一次，为了不虚度年华，只有从改变自己做起。如果一边抱怨“为什么只有我身上没有好事发生”，一边浑浑噩噩地混日子，那么，就绝对不会得到什么好的结果，同样，如果光是安安稳稳地过日子，也不会迎来突然改变命运的转机。我在麦肯锡公司举步维艰的时候，也曾在心中暗自祈祷：“有谁能帮帮我吗？”但是，当时的我光是抱着这个幻想随波逐流，结果没有发生任何改变。无论是从短期还是从长远来看，如果想要改变自己的处境，就只能从自身开始行动。在这一过程中，人生也会逐渐变得一帆风顺起来。

有些人对未来充满了不安，因此，不愿意现在就采取行动，更愿意思前想后，反复琢磨。但是，不管你如何设想，未来是绝不会完全按照计划发展的。甚至你自身的想法也是一时一变的。实际上，刚进入麦肯锡公司时，我完全没想到自己将来会成为一名艺人。谁也无法保证未来会发生什么事情，但大家往往会为未来而左思右想、烦恼不已，就算想破了头也没有任何办法。虽然什么也不想是不对的，但是，如果过分担忧未来的事情，却忽视了眼前的行动，那就得不偿失了。

人们都愿意追求稳定，更喜欢维持现状。无论对谁而言，如果今天只是简单地重复昨天的工作，那么就会过得很安逸，这样一来，每一天都会稳稳当当地度过，不会发生什么变化。我们之中有许多人都愿意过这样的生活。

但是，如果你想做出改变，那么就要或多或少地冒风险采取行动。

不同的人面临的风险是不同的。我们不知道做什么事情会带来风险，但是，对于心存梦想的人而言，不采取任何行动本身就是一种风险。如果不进行挑战，时间就会一点一点流逝，人生可能也会在碌碌无为中走向终点。

从某种意义上来看，人生并没有那么长，我们不能有想做的事情，却总是苟且于眼前的生活，也不能总想着把梦想放一放，否则就会遗憾终生。有一段时间，我也曾经将追求成为笑星的梦想当成对现实世界的一种逃避，甚至将它推到并不存在的来生去挑战。然而，仔细想想，我没有任何理由不从现在开始就去追逐梦想。

我从很小的时候就有一个习惯，经常会想象一个计划，然后为此激动不已、跃跃欲试。就像自己变成了传说故事里的主人公一样，感到非常期待。在反复思考的过程中，一想到我在现实生活中真那么去做会怎么样，就更加迫切地想在现实生活中挑战一下，看看结果究竟会变成什么样。一旦付诸行动，可能会在平淡如水的生活中，激起一丝涟漪，创造出一生难忘的精彩瞬间。总而言之，要想改变未来，必须由自己果断做出决定，并全力以赴地付诸实践，只有这样才能实现自己的梦想。

如果你经常感到现在的自己过得很空虚，总觉得人生偏离了轨道或者有想做的事情没有实现，那么，就请抛开烦恼，从现在开始行动起来，一切都还为时不晚。与将来为没有付诸行动而空留余恨相比，只要积极去挑战，即使失败了，也会为自己的人生留下一段难忘的回忆。

如果发现自己错了，只要重新考虑假定条件就可以

我们经常会遇到，在实践中发现事情并未向我们预期的方向发展或者事与愿违的情况。从其他人的角度来看，这可能意味着失败。

在这种情况下，我们尽量不要去说：“尝试过了，但是，结果证明行不通，已经决定放弃了！”而是应该试着回答：“进行了验证，证明设想出现了偏差，下一步将进行改正。”这样一来，就可以一扫失败的阴霾，令人精神为之一振，破解了尴尬的局面。这种回答方式非常符合麦肯锡公司提倡的积极原则。

实际上，挑战的结果与设想不相符本身并不意味着失败。真正的失败是不敢去挑战自己想做的事情。在本书中，我曾经多次提到，麦肯锡公司的假定条件是以可以替换为前提的。只要意识到是错误的，就应该及时进行调整，在尝试和错误的循环中，坚持不懈地努力奋斗，不断地向着自己希望的道路前进，这样才能实现进步。

决定本身没有对错之分

我对大学时代一位老师曾经说过的一句话印象至深。当时，我正为选择研究室而犹豫不决，于是，就去问系里的老师在学生时代是如何选择研究室的。他回答道："我当时觉得研究什么都可以，因此，就靠猜拳决定了。"就这样，这位老师就在他选的研究室中一直干到了教授。由此可见，重要的并不是决定本身，而是做出决定后应该如何去做。

大家可能会感到迷惑，觉得之前我一直围绕自己的决定大书特书，现在为什么又说出这种话来。其实，决定本身并没有任何价值，为了决定而大伤脑筋想这想那是完全不值得的。做出决定不过是帮助你站在起跑线上而已。所有的一起都是从这儿开始的。这样想来，就会发现我每次做决定时，竟然浪费了那么多的精力去做无用功，真是得不偿失……

如果想改变未来，就不能随波逐流，虚度时光，也不能光靠着做决定就觉得万事大吉了。如果只是做出决定就撒手不管，最终必将一事无成。在做出决定时，要做好充分的思想准备，必须依靠自己的力量去完成它。决定本身没有对错之分，无论做出怎样的选择，只要自己能将结果变成对的就没有任何问题。

坦白地讲，我从麦肯锡公司辞职之后，利用这个抛弃自己职业的充满勇气的决定的机会，度过了“只要进入笑星培训班就满足了”的时期，后来又花了许多时间才真正发现喜剧世界的残酷。此外，在发现自己不适合喜剧行业准备放弃，感到山穷水尽时，我感慨地问自己：“在麦肯锡公司时被认为不像麦肯锡的人，在喜剧世界又被说成太严肃、不搞笑。无论是在麦肯锡公司还是在喜剧行业，都被说成没有天赋，我的出路究竟在哪里啊？”

但是，不管是谁，都不是生下来就有出路的。只不过是我们将自己的决定当成了出路而已。现在想来，当我还是一名学生的时候，真正喜欢上自己的学校花了差不多两三年的时间。当我开始从事喜剧工作时，也是花了许多年时间才找到了自己的出路。本来世界上最开始就不存在什么所谓绝对正确的答案，只有通过自己的意志和努力不懈的奋斗，才有可能证明自己选择的道路是正确的。因此，可以说，“持之以恒”这件事是非常重要的。只要自己认为是对的，不管别人怎么说，都应该毫不犹豫地坚持下去。

致无论如何都不能向前迈出一步的人

我们的生活中总有一些明明有自己想做的事情，但却不敢向前迈出一步的人，对于他们，我有一句话想说。那就是在挑战之后等待你的未来并不是那么恐怖的，没有什么事情是不能重来的。从精神卫生方面来看，每个人都应该做好心理准备，如果发现自己错了，只要总结经验，选择其他道路重新开始就行了，这一点非常重要。

此外，在做决定时，或多或少都必然要涉及“断舍离”的问题。首先，请选出2~3个自己无论如何都不舍得放弃的东西，并按照优先级进行排序。人不能太贪婪。当你向前迈出一步，存在丧失这些东西的风险时，就不应该再做出这个决定了。除此以外，没有任何理由再为做出决定而犹豫不决了。

要尽量减轻做决定时承受的压力和负担，为了在新的道路上更顺利地前进，人们应该坚持自己的价值标准，不去与其他人比较，并且有意识地选择自己周围的环境和交往的对象，这一点非常重要。

综上所述，我在做决定时，为了推动自己更好地下定决心，经常要求自己做到下述三点，在此与读者朋友们分享：

一是时刻不忘遇到挫折失败证明行不通时，要及时回头，重新开始。

二是真正的幸运是不失去自己不想失去的东西。

三是自己坚持做自己，决不与人比较。决不接触阻碍自己实现梦想的人。

这样看来，决定本身并没有我们想象的那么沉重。

从最开始就认定“我无论如何都做不到”“我没有那个天分”，并就此放弃挑战是非常简单的。实际上，对于天生就具有自保本能的人而言，这种逻辑听起来是非常合理的，况且就算不去积极挑战，他们也可能稳稳当当地度过每一天。

但是，我们经常听到这么一种说法：在想要干一件事的一百个人中，实际上只有一个人真正去做；在实际上去做一件事的一百个人中，只有一个人能坚持到底。这句话告诉我们一个道理：“想要去做”和“实际去做”之间横亘着一条巨大的鸿沟，只要“实际去做”，就等于向前迈进了相当大的一步。实际上，在喜剧世界中也是一样，只要勇敢向前迈出一步，就会看到完全不同的风景。

大家的心里可能都知道自己想要做的事情。有了想要做的事情，并真正注意到它，是一件极为幸运的事。甚至会令人觉得做这件事情是自己的宿命和职责。

日本名著《伊势物语》①的第一百二十五段中，有一段话是主人公在原业平②的辞世诗："有生必有死，此语早已闻，命尽今明日，令人吃一惊。"我在高中时曾经读过这段文字，印象非常深刻。死亡总是在我们意想不到之时来临，如果真到了那一刻，才后悔"自己不应该这样死去，平时太在意别人的目光，想干的事情都没有干成，还不如早放手去做了"，就为时已晚了。

请大家放手去尝试！不要在乎别人的眼光！能够纵情挑战自

---

① 《伊势物语》是日本平安时代初期成书的歌物语。也称作《在五物语》《在五中将物语》《在五中将日记》，全书由125段构成，以数行程度（长的数十行，短的2～3行）的假名文和歌组成的章段描写主人公从元服到死去的生涯。因为章段的开头表现，自古以来主人公被称作"昔男"，物语中收录许多歌人在原业平的和歌，所以主人公有业平的影子。

② 在原业平（825—880），日本平城天皇第一皇子阿保亲王之五子，曾任右马头、左近中将、后迁相模、美浓守，世称"在中将"，其人才华横溢，风流倜傥，传说与3733个女子相交，居"六歌仙"（在原业平、小野小町、僧正遍昭、大伴黑主、文屋康秀、喜撰法师）之首，也为"三十六歌仙"之一，所咏以恋歌为多。作于平安时代、以诗歌为中心的歌物语《伊势物语》是以在原业平所作歌稿为中心而编成的，主人公即是虚化现实生活中的在原业平。

己心中一直想做的事情是令人无比快乐的，无论结果如何都没有关系。只有这样，才能体会到自己在过属于自己人生的感觉。如果你觉得我在骗你，那么一定要试着挑战一下，看看结果到底如何。即使进展不顺利，也能切身感受到“原来是这么回事，总算安心了！”，之后，可以将这段经历作为谈资，在喝酒聚会时讲起，博众人一笑了之。

如果你还是犹豫不决，那么请到我演出的现场来，虽然不知道我的表演是否能打动你，但是，只要看到我竭尽全力表演的状态，相信一定能激发出你的活力和热情。人生只有一次，为了能够活出自己的风采，希望大家真正挺起胸膛，勇敢面对未来未知的世界，充满勇气地迈出向前的一步。

专题三

最重要的是，要有跟着自己感觉和直觉走的勇气。无论如何，感觉和直觉早就知道你到底想成为什么样的人，其他都是次要的。

这是苹果公司创始人史蒂夫·乔布斯[①]先生2005年在斯坦福大学毕业典礼上，发表的著名演讲中一段经典的话。在演讲中，还有一些关于死亡的经典论述，比如："在死亡来临时，所有对自身之外的希求、所有的尊严、所有对困窘和失败的恐惧都将不复存在，只剩下真正重要的东西。""人们的时间都是有限的，所以不要按照别

---

① 史蒂夫·乔布斯（Steve Jobs，1955年2月24日—2011年10月5日），出生于美国加利福尼亚州旧金山，美国发明家、企业家、美国苹果公司联合创办人。1976年4月1日，乔布斯签署了一份合同，决定成立一家电脑公司。1977年4月，乔布斯在美国第一次计算机展览会展示了苹果Ⅱ号样机。1997年苹果推出iMac，创新的外壳设计使得产品大卖，并让苹果度过财政危机。乔布斯被认为是计算机业界与娱乐业界的标志性人物，他经历了苹果公司几十年的起落与兴衰，深刻地改变了现代通讯、娱乐、生活方式。2011年10月5日，史蒂夫·乔布斯因患胰腺神经内分泌肿瘤病逝，享年56岁。

人的意愿去活，这是浪费时间。不要囿于成见，那是在按照别人设想的结果而活。”

我是在成为艺人之后才读到这篇演讲稿的，从时间上看并不算早。但是，当我读到这些文字时，觉得这就是在肯定我前进的道路，令我的内心备受鼓舞。在这一段文字中，我最喜欢的不仅是“跟着自己的心和直觉走”，还有“要拥有真正去做的勇气”。有时候，大家明明知道想要做什么，并且在心里和头脑中也明白应该如何去做，但是，就是不去付诸行动，由此可见，“真正去做”是多么需要勇气啊！这一点，我有切身的体会。在日常生活中，大家很难立刻拿出这种勇气，我之所以能鼓足勇气去尝试，是因为我曾经面临生死考验的缘故。时至今日，我仍然认为那段艰难的经历是上帝赐予我的珍贵礼物！

结语：为了开创属于自己的人生

前些日子，我遇见了一位老朋友，他之前从工作了五年的公司辞职，去年开始在越南创业。他也做了一个相当大的决定，为了实现多年来的愿望而毅然行动起来。从这点来看，我们之间有许多相同之处，尤其是大家都觉得“如果自己的生命即将走到尽头，虽然还想再多活几年，但是，绝对没有什么是遗憾和后悔的！”。在成为一名艺人之前，我是绝对不可能这么想的。之前，我心里一直特别纠结，觉得“如果继续这样下去，我的人生就已经结束了……”，因此，对于我而言，能够实现这样的结果是非常幸运的。

经常有人问我：“你成为一名艺人后会感到后悔吗？”如果说到后悔，我觉得那些没有去挑战的人一定会在后悔中度过自己的一生，从这一点来看，我可以充满自信地回答“NO”。

坦率地说，当我还在公司做员工时，也曾经后悔进入麦肯锡这样一家与稳定绝缘的公司。但是，后来却因为在麦肯锡工作的经历，毅然决然地决定挑战自己真正想做的事情，总的来说，我没有什么可后悔的！我甚至会为自己做出这么大胆的决定，勇于挑战自我而感到骄傲和自豪，觉得人生中的每一段经历都有它的意义，都在帮助自己向着正确的方向不断前进。

此外，我还经常被问到另一个问题："平时你过着怎样的生活？"首先，我的基本工作是为事务所每个月都会主办一次的喜剧现场创作并表演段子。服装、道具、音乐等当然都要由我自己来准备。除此以外，我还要参加其他的喜剧现场表演，给前辈们的现场表演打杂，观看其他人的表演，参加电视、网络和广播的节目和面试，并应对媒体的采访等，剩下的时间都用来做翻译和家庭教师以填补收入。

大家最关心的问题还是我的收入，作为艺人的年收入与我在麦肯锡公司工作时一个月的收入差不多。有时，当我打开工资单时，也会感到震惊，觉得自己的收入低得令人无法想象。

虽然，社会上有一些精明强干的人，他们的工资很高又可以从工作中体会到快乐。但是，从本质上来讲，工作是具有两面性的，一方面大家要忍受工作带来的痛苦和煎熬，另一方面，也享受着它带来的金钱回报。这样想来，我现在从事着的工作既能够挑战自己的梦想，又令自己感到非常快乐，那么，就算赚的钱没有在公司上班时多，也是理所当然的。从这个角度来看，这也是我今后真正要坚持之处。

我之所以动笔写这本书，是为了向广大读者提供一些我在为做决定而感到痛苦不堪时最希望得到的经验。最后，我想对与我当时一样感到痛苦不堪的人说几句话：

> 你可能因为没有实际看到自己想要挑战的世界，就将他想象得无比恐怖。但是，这种认识是没有任何依据的。在经过艰苦的思想斗争和挑战后，你会看到令人难以想象的美景。你的勇气越大，等待你的惊喜就越大。没有谁比你更了解自己做出的决定是否正确。因此，今后请不要再犹豫不决，而是要按照自己的想法坚定前进！

最后，值此出版之际，我由衷地感谢为本书撰写提供帮助的诸位朋友，如果大家能从这本书中领悟到挑战的真正意义，并鼓起勇气实现自己的梦想，我将感到万分荣幸。

石井辉美